Der Einmarsch der Gladiatoren: Lothar Matthäus führt als Kapitän seine Bayern mit riesen Schritten aufs Feld.

Lothar, der Hero: Mit dem FC Bayern holte er neun Titel, wurde zweimal Deutschlands Fußballer des Jahres, Weltmeister, Welt-Fußballer, Europameister, Rekordhalter. Eine einmalige Karriere.

Ulrich Kühne-Hellmessen
Tom Bender

LOTHAR MATTHÄUS
DER LEITWOLF

DANKE
UND ALLES GUTE
IN NEW YORK
LOTHAR

Lieber Lothar bitte halt die Klappe!
LOTHAR MATTHÄUS
Sein größter Bluff
Wer lügt?
Matthäus
Neue Ohrfeigen für Bayern
Geht er jetzt zum HSV?
Matthäus in Angst: Nie wieder für Deutschland?
Lothar: Räumungsklage

Matthäus hat seine Fans nie betrogen

»Typen wie Lothar Matthäus, die gibt es nicht alle zehn Jahre. Jeder hat seine 50-, 60-Meter-Pässe in Erinnerung. Seine wirklich vortrefflich geschlagenen Freistöße. Ich glaube, er ist ein sehr ehrgeiziger, manchmal auch aggressiver Spieler. Er ist einer jener Spieler, der seine Zuschauer nie betrügt, sondern der immer sein Letztes gibt.«

*(Bundeskanzler
Gerhard Schröder
am 4. März 2000 in SAT.1)*

Lothar in New York

Der große Lothar und das kleine New York: Matthäus steht am Hudson River, im Hintergrund die Skyline von Manhattan.

Lothar mit Freunden auf dem Dachgarten des Empire State Buildings – im Hintergrund die Wolkenkratzer von Manhattan (links).

New York. Das sind Wolkenkratzer und Stretch-Limousinen. Lothar und Maren posieren vor ihrem neuen Quartier (unten).

Lothar zieht den Reißverschluss hoch, startet im Central Park zum Frühsport. Im Hintergrund: Sein Wohnhaus, der Trump Tower (recht Seite oben).

Der Muskeltest: Lothar fühlt bei seinem »Bodyguard«, ob die Muskelmasse echt oder aufgepumpt ist (rechte Seite).

Start in ein neues Leben: Lothar und Maren mit der Lufthansa auf dem Weg nach New York – natürlich First Class (oben links).

Stadtbummel in China Town: Lothar und Maren Hand in Hand beim Shoppen (links).

Lichtermeer am Times Square: Lothar beim Interview mit SAT.1-Reporter Uli Köhler (oben).

Lothar und Maren, fasziniert von der Farbenpracht in New York: Hier in einer Gemälde-Galerie vor Werken des Künstlers Rizzi (rechts).

$9500-

Segeln vor der Freiheitsstatue: Der französische Katamaran »Explorer« mit den Skippern Bruno Peyron und Cam Lewis schaffte Miami-New York in 2 Tagen, 22 Stunden und 50 Minuten (links).

Typisch New York: Über ein Labyrinth von Straßen schlängelt sich die Menschen-Masse beim New York Marathon. Mehr als 30.000 Läufer stürzen sich auf die Verrazano-Narrows-Bridge (rechts).

Lothar und Maren, die Sportfans: Hier besuchen sie die »New York Rangers«, das Eishockey-Team der Stadt (oben).

Die New York Knicks, das Basketball-Team der Weltmetropole: Auch hier war Matthäus schon zu Gast (links).

Gibt's nur in New York: Die Golf-Driving-Range über vier Etagen am Chelsea-Piers (unten).

30 YEARS
FEED 7
EMPIRE SUPP
METRO
30 YEARS
ED 8
ERS
CLUB
30 YEARS
EED 9

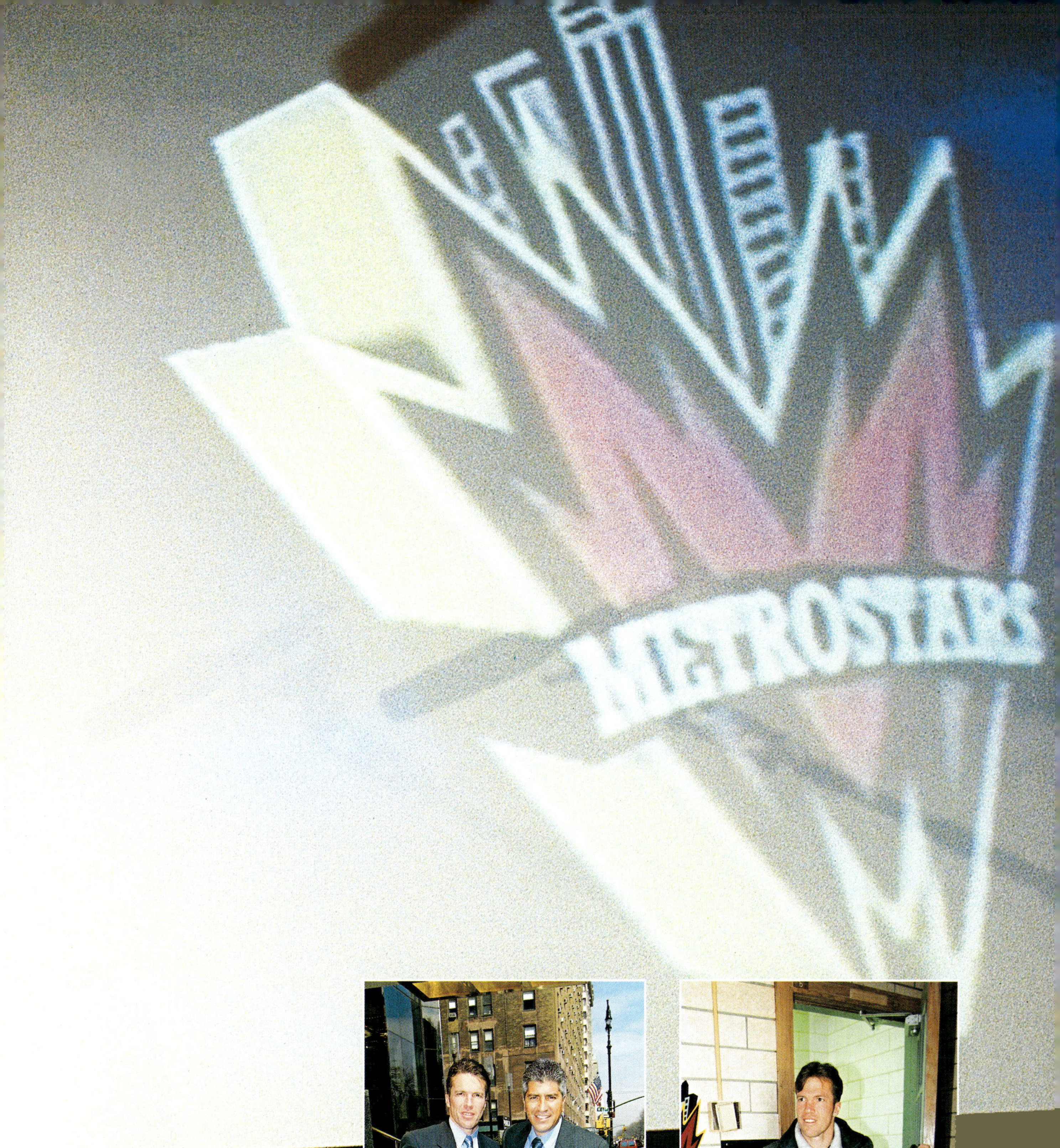

Der Fußballer Matthäus in New York: Die Präsentation ganz professionell. Lothar mit Schal der MetroStars, im Hintergrund eine Monitor-Wand und groß das Logo seines neuen Vereins.

Die neuen Hoffnungen der MetroStars: Weltstar Matthäus und Trainer Zambrano, aus L.A. nach New York gewechselt (rechts).

Hereinspaziert: Lothar auf der Geschäftsstelle seines neuen Arbeitgebers (rechts außen).

Der neue Arbeitsplatz bei den MetroStars: Lothar vor seinem Spint mit der Nummer 10. Trainingsdress und Trikot sind fein säuberlich aufgehängt, in der Sitzbank die Schuhe (großes Foto).

Der Star mit der roten Nummer 10, das neue Trikot mit seinem Namen beflockt.

Der neue Arbeitsplatz, Teil 2: Lothar und Maren in einer Loge im weltberühmten Giants-Stadion.

Trikots, Sweatshirts, Wimpel, Cappys, Tassen, Becher, Bierdeckel: Lothar im Fan-Shop mit einer Nummernschild-Halterung in der Hand.

Die Präsentation bei der Liga: Da durfte Matthäus schon mal den Meisterpokal in der Hand halten (von oben nach unten).

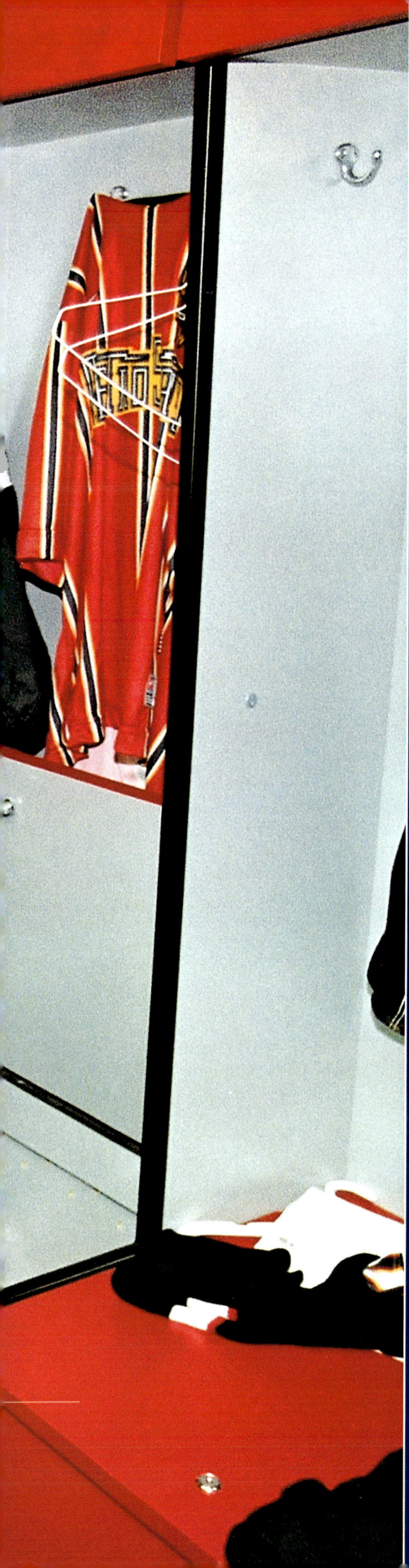

MATTHÄUS
10
NEW YORK

FIFA

MAJOR LEAGUE

Lieber Fanblock als Werbeblock.
Jede Woche die 3 Topspiele der Bundesliga. Live!
Erleben Sie Fußballstimmung live, mit PREMIERE WORLD. Sie verpassen nie wieder eine Spitzenbegegnung, egal ob Heim- oder Auswärtsspiel. Fußball wie im Stadion: ohne Werbeunterbrechungen.
PREMIERE WORLD
YOUR PERSONAL TV
2 Monate testen – alle Kanäle nu
34.90
PRO MONAT
Im Fachhandel oder unte
Tel: 0180/55 1 10 24 Pf/M
*plus DM 14,90 monatliche Miete für die d-box und eir einmalige Freischaltgebühr von DM 29,90. Ab dem dritt Monat entscheiden Sie sich für Ihr persönliches Programr paket und den entsprechenden Preis.
www.premiereworld.d

Lothar Matthäus in neuem Gewand: Auch bei den New York MetroStars trägt er die Nummer 10, inzwischen auch wieder die Kapitänsbinde. Nur der blau-grüne Ball ist gewöhnungsbedürftig.

So lief der Wechsel nach New York

Warum der Trainer Bora Milutinovic »schuld« ist

Der erste Auftritt in den USA: Lothar Matthäus mit der Nummer 10 gewinnt hier das Laufduell gegen Jay Heaps.

Bora Milutinovic ist ein Weltreisender in Sachen Fußball. Der Jugoslawe betreute während der WM 1986 die gastgebenden Mexikaner, bei der WM 1990 Costa Rica, auch schon die USA und alle möglichen und unmöglichen Vereine, Verbände, Klubs. Bora Milutinovic spricht sogar deutsch, ist mit Franz Beckenbauer befreundet. Man kennt sich halt.

Dieser Bora Milutinovic ist »schuld«, dass Matthäus heute in New York spielt. Denn Bora war Trainer der MetroStars, beim »schlechtesten Klub der Welt« (USA-today). Als die deutsche Nationalmannschaft im Frühjahr '99 in Florida sogar gegen die USA verlor (0:3) und anschließend gegen Kolumbien spielte (3:3), kam auch Milutinovic von New York nach Jacksonville und Miami, sprach erstmals mit Lothar Matthäus, machte ihm einen Wechsel in die MLS und zu den MetroStars schmackhaft. BILD war das eine 30-Zeilen-Meldung wert. Überschrift: New York lockt Matthäus mit 3 Millionen.

Nur für einen war es ernst: für Matthäus selbst. Schon von diesem Florida-Tripp brachte er zwei unterschriftsreife Verträge mit. Einen von den MetroStars, einen vom US-Verband MLS (Major League Soccer). Als die Bayern merkten, dass es ihrem Libero ernst ist mit dem Abschied aus der Bundesliga, aus Europa, da war es fast schon zu spät.

Im Juni 1999 fand die erste Krisensitzung statt: Nach dem verlorenen Finale der Champions League (1:2 gegen ManU) und noch vor dem Pokalfinale in Berlin gegen Bremen versuchten die Bayern ihren Leitwolf umzustimmen. Ottmar Hitzfeld danach: »Ich habe ihn gebeten zu bleiben. Ich möchte ihn unter allen Umständen halten.«

Willkommen in Miami: Deutsche Fans begrüßen den Weltstar und fragen sich: Lothar, was machst Du bloß hier (Mitte)?

Der Mann, der Lothar in die USA lockte: Der Jugoslawe Bora Milutinovic, Nationaltrainer von Mexiko und Costa Rica, bis Dezember 1999 Trainer der MetroStars (unten).

Die offizielle Aufstellung beim Spiel der Miami Fusion gegen die MetroStars. Miami siegte 3:1, die erste Niederlage für Matthäus in der schlechtesten Mannschaft der Liga (rechts).

Projected Srting Lineups

FUSION

No.	Name	Pos.	GP	G	A
1	Jeff Cassar	GK	1	(0-0-1, 0.90 GAA	
7	Brian Kamler	D	1	0	0
3	Francis Okaroh	D	1	0	0
2	Leo Cullen	D	1	0	0
25	Pablo Mastroeni	M	1	0	0
5	Martin Machon	M	0	0	0
6	Jay Heaps	M	1	0	0
10	Andy Williams	M	1	0	1
11	Eric Wynalda	M	1	0	0
9	Roy Lassiter	F	0	0	0
17	Diego Serna	F	1	1	0

HEAD COACH Ivo Wortmann (20-25-1, 3rd season)

METROSTARS

No.	Name	Pos.	GP	G	A
1	Mike Ammann	GK	0	(0-0-0, 0.00 GAA)	
16	Ramiro Corrales	D	0	0	0
6	Steve Shak	D	0	0	0
4	Thomas Dooley	D	0	0	0
12	Mike Petke	D	0	0	0
10	Lothar Matthäus	M	0	0	0
11	Petter Villegas	M	0	0	0
9	Tab Ramos	M	0	0	0
7	Mark Chung	M	0	0	0
14	Adolfo Valencia	F	0	0	0
23	Alex Comas	F	0	0	0

HEAD COACH Octavio Zambrano (39-18, 4th season)

Scheduled Referee: Marcel Yonan; Assistants: Reggie Rty, Kermit Quisenberry; Fourth Official: Brian Poeschel

Der Kompromiss (zum Wohle des FC Bayern): Matthäus unterschrieb in New York einen Vertrag ab 1. Januar 2000. Damit war den Bayern geholfen, weil Matthäus noch eine Halbserie zur Verfügung stand. Und auch den MetroStars, weil dort die Saison von März bis November läuft.
Trotzdem hing der Wechsel noch einmal am seidenen Faden: Denn während Matthäus mit den Bayern von Sieg zu Sieg eilte, wurde im fernen New York »tabula rasa« gemacht: Bora Milutinovic wurde nebst Manager Stillitano gefeuert. Plötzlich waren seine beiden Kontaktleute weg.
Als Matthäus dann im Dezember erstmals seinen neuen Arbeitsplatz in Augenschein nahm, zusammen mit seiner Freundin Maren Müller-Wohlfahrt in die Millionen-Metropole jettete, kamen auch ihm die Zweifel: Viel hatte er von kalten Duschen gehört, die Warnungen aber nicht ernst genommen. Jetzt, als er erstmals im Stau steckte, 75 Minuten von Manhattan zum Training ins 38 Kilometer entfernte New Jersey benötigte, kamen die Zweifel. Sollte er seinen sport-

lichen Ehrgeiz zu Hause lassen? Die neuen Herren – legten sie überhaupt Wert auf sein Wort?
Die Zweifel trotz unterschriebener Verträge waren bis nach New York vorgedrungen. Also setzten sie sich zusammen, der neue Manager Nick Sakiewicz, gerade in den USA zum »Manager des Jahres« gekürt, und der neue Trainer Octavio Zambrano, der zuvor die Los Angeles Galaxy zu einem US-Top-Team geformt hatte. Eingeflogen ins spanische La Manga, wo sich der FC Bayern mit Matthäus auf die Rückrunde vorbereitete. Bis dahin war ein Kompromiss gefunden: Weil Jeremies gesperrt war (Rote Karte in Eindhoven) und Strunz langfristig verletzt ausfiel, hatte Matthäus erreicht, noch bis 8. März für die Bayern spielen zu können.
Sakiewicz und Zambrano mussten Matthäus überzeugen, dass sie voll mit ihm planen. Mussten ihm das Gefühl der Wichtigkeit geben, dass er ein Mitspracherecht bei den Neueinkäufen bekam. Und legten ihm gleich eine Liste mit Namen vor. Um 22.03 Uhr sagte Matthäus: YES, ich komme. Die Tagung in der Bibliothek des Hotels Principe Filipe war beendet, der Dienstbeginn für den 10. März beschlossen. Matthäus danach »Alle Unstimmigkeiten sind bereinigt, jetzt kann ich mich wieder auf New York freuen.«

Der Fehlstart in Miami

Sonntag, 26. März, 17 Uhr Ortszeit. Der schwüle Nachmittag hatte sich schon verzogen, bei angenehmen 24 Grad feierte Matthäus Premiere. Der erste Auftritt in der Major League Soccer. Die New York MetroStars bei den Miami Fusion.
Ein Großstadt-Duell wie Madrid gegen Sevilla. Wie München gegen Hamburg. Wie London gegen Manchester. Aber die beiden großen Football-Stadien in Miami blieben leer. Gespielt wurde in Fort Lauderdale auf einem College-Platz, der Heimat der Miami Fusion. Eine Stahlrohrtribüne bot 13 000 Zuschauern Platz. 10 000 waren gekommen – die meisten Touristen, die gerade in Florida urlaubten und ein bisschen Soccer sehen wollten.
Die europäisch-verwöhnten Fußball-Fans fühlten sich wie bei einem Picknick-Ausflug. Keine Anfeuerungs-Rufe, nicht mal eine Reaktion, als der Name Matthäus aufgerufen wurde. Das Spielniveau: nicht mal zweitklassig. Und mittendrin der Weltstar Matthäus mit der Nummer zehn.
New Yorks Stürmer-Star Rodolfo Valencia, der schon mit Lothar zusammen in München spielte, blieb angeschlagen auf der Bank. So waren die MetroStars ohne Durchschlagskraft, verloren 1:3.
Ein Fehlstart gegen eine Mannschaft, die ebenfalls nicht überzeugen konnte. BILD titelte danach: »Oh, Lothar, was hast du dir da angetan …«

Der Abschied

Tschüs, Lothar: Am 8. März verabschiedete sich Matthäus von München, von den Bayern, von seinen Fans bei der 4:1-Gala gegen Real Madrid.

Lothar sagt Danke. Im 101. Europacup-Spiel fällt der endgültig der Vorhang.

Der letzte Auftritt

4 : 1 gegen Real

Ein Handschlag verdeutlichte die Dimension dieses historischen Augenblicks. Der 8. März 2000, 22.47 Uhr: An der Seitenlinie hält der UEFA-Beauftragte die Nr. 10 hoch. Lothar Matthäus weiß in diesem Moment: »Das war's für mich!« Er läuft los, um sich in seinem letzten Spiel für den FC Bayern München auswechseln zu lassen.

Auf seinem Weg muss er an Real-Star Roberto Carlos vorbei. Der Brasilianer ist in diesem Moment nicht einer der besten Fußballer der Welt. Er ist auch kein Gegenspieler. Sondern nur Fan und Bewunderer von Lothar Matthäus. Er streckt die Hand aus, sie klatschen ab, ihre Blicke treffen sich. Carlos: »Ich hatte das Gefühl, wir waren ganz alleine im Stadion. Unsere 1:4-Niederlage war mir plötzlich ganz egal. Diesen magischen Moment werde ich mein Leben lang nicht vergessen.« Matthäus verharrt noch kurz an der Seitenlinie, verbeugt sich zu allen vier Tribünenseiten und verschwindet ...

Lothar Matthäus und sein Abschied vom FC Bayern. Der Hauptdarsteller sagt selbst: »Ein Regisseur hätte diesen Abend nicht besser inszenieren können.«

Champions League-Zwischenrunde. Der Gegner: Real Madrid. Das Olympiastadion mit 59 000 Fans ausverkauft. 8,18 Millionen Zuschauer schauen auf tm3 zu. Bayern und Matthäus triumphieren mit 4:1.

Auf der Tribüne: Teamchef Erich Ribbeck und Ex-Bundestrainer Berti Vogts, natürlich Franz Beckenbauer. Lothars Töchter Alisa und Viola sind extra aus Kitzbühel gekommen. Boris und Babs Becker haben keine Karten mehr bekommen. Sie müssen im Gang stehen. Egal, Hauptsache

Noch einmal hat der Abwehrchef gezeigt, wie wertvoll er für die Bayern ist, auch mit 38 Jahren: Matthäus im Zweikampf mit Real-Star Fernando Redondo.

Beifall von Ottmar Hitzfeld, als Lothar geht. Trainer und Star fallen sich in die Arme. Ein bewegender Moment (unten).

dabei sein, wenn eine »lebende Legende« (Trainer Ottmar Hitzfeld) Deutschland verlässt.

Die Fakten zu Lothars Good-bye-Spiel: Erste Ball-Berührung nach 31 Sekunden. Nach 26 Minuten und 45 Sekunden überquert er das 1. Mal die Mittellinie. Insgesamt 56 Ball-Kontakte. 12 Zweikämpfe, 3 gewonnen. 8 lange Pässe, 3 kommen an. 28 kurze Pässe, 24 kommen an. Beim 1:2-Anschlusstreffer von Real greift er Helguera zu spät an.

Doch Fakten spielten an diesem Abend nur eine Nebenrolle. Es war die Nacht der großen Gefühle …

Spruchbänder der Fans: »Es war uns eine Ehre!« Geschenke von Bayern-Präsident Beckenbauer (ein Gemälde des New Yorker Künstlers James Rizzi) und Real-Präsident Lorenzo Sanz (goldene Krawattennadel). Aus den Stadion-Lautsprechern dröhnte die Henry-Maske-Hymne »Time to say Good-Bye«, und über die Anzeigetafel flimmerten in Zeitlupe die Karriere-Highlights des 38-Jährigen. Mit Meisterschale auf dem Marienplatz, mit dem WM-Pokal 1990 in Italien. Das Flutlicht wurde gedimmt, und Lothar lief seine Ehrenrunde. Ein Feuerwerk tauchte den Nachthimmel in rot-weißes Licht.

Wie erlebte Lothar seinen Abschied? Matthäus: »Nach dem Andersson für mich eingewechselt worden war, lief ich direkt in die Kabine. Das 4:1 von Zickler sah ich nur am Fernseher. Ich wollte ein paar Minuten für mich allein sein. Nach so einem glanzvollen Abend hatte ich feuchte Augen. Mir schossen tausend Gedanken durch den Kopf, zum Beispiel, dass ich das Abschiedsspiel am 26. Mai absagen sollte. Denn einen schöneren Abschied als dieses Real-Spiel kann ich gar nicht erleben.«

Lothars letztes offizielles Spiel für Bayern. Dieses Trikot mit der Nr. 10 aus seinem 101. Europacup-Auftritt dürfte sich zur blauen Mauritius unter den Fußball-Jerseys entwickeln. Wer hat das gute Stück bekommen? Matthäus: »Unser Masseur Fredi Binder. Ein guter Freund, der so viel für mich getan hat.«

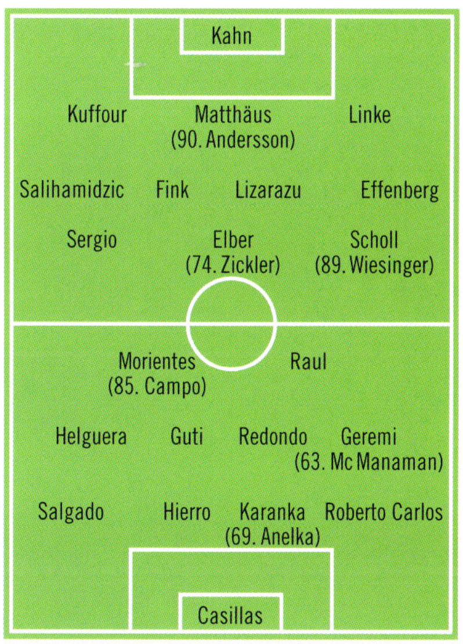

Schiedsrichter: Dick Jol (Holland)
Zuschauer: 59 000
Tore: 1:0 Scholl (4.), 2:0 Elber (30.), 2:1 Helguera (69.), 3:1 Zickler (79.), 4:1 Zickler (90.)

Das Bundesliga-Finale

Am 4. März gab's erst Geschenke, dann eine Niederlage

»Die Geschenke waren anständig. Die zwei Gegentore nicht.« So kommentierte der 38-jährige Lothar Matthäus kurz und trocken sein 464. Bundesliga-Spiel am 4. März 2000 in Stuttgart. Der letzte Bundesliga-Auftritt seiner Karriere, die 1979 in Gladbach begann. Die letzte Bundesliga-Niederlage seiner Karriere (0:2). Zunächst also die Geschenke: Stuttgarts Thomas Berthold überreichte Matthäus eine Trikot-Sonderanfertigung. Die Ärmel aus dem Stoff eines Gladbach-Trikots, die linke Vorderseite von Inter Mailand, die rechte Vorderseite von Bayern – und von der Nationalelf der komplette Rücken. Alle Stationen seiner Karriere in einem Trikot verewigt. Krassimir Balakov legte noch einen Cowboy-Hut drauf, für 2000 Mark per Internet geordert. Wie gesagt, die Geschenke waren anständig ...

Die Gegentore: Erst rettete Matthäus nach einem verunglückten Jeremies-Kopfball noch auf der Linie. In der 49. Minute übertrieb er jedoch den Einsatz: Überflüssiges Foul an Lisztes, exakt eingefangen von drei Matthäus-Kameras des Pay-TV-Senders

Drei gegen einen: Stuttgarts Lisztes im Sturzflug, Tarnat, Matthäus und Jeremies jagen ihm den Ball ab. Trotzdem misslingt Lothars Abschied aus der Bundesliga, Bayern verliert 0:2 (linke Seite).

Abschiedsgeschenk eines Weltstars: Krassimir Balakov umarmt Matthäus, schenkt ihm einen Cowboy-Hut für das Amerika-Abenteuer.

Schiedsrichter: Aust
Zuschauer: 46 000
Tore: 1:0 Balakov (49.), 2:0 Lisztes (70.)

Premiere World. »Mr. Freistoß« Balakov zauberte den Ball ins Tor. Als Lisztes das 2:0 erzielte, war Lothar schon in der Kabine ...

Sein Bundesliga-Abschied: Um 16.44 Uhr holte Trainer Ottmar Hitzfeld seinen Libero vom Platz. Der Schwede Patrik Andersson durfte an dem historischen Spieler-Wechsel teilnehmen. 46 000 Zuschauer erhoben sich und verneigten sich vor dem Lebenswerk des Lothar Matthäus. Gänsehaut-Feeling im Gottlieb-Daimler-Stadion!

Das Verhältnis zwischen Matthäus und den gegnerischen Fans hatte sich in den letzten Jahren seiner Karriere gewandelt. Er war nicht mehr das Feindbild und Ziel wüster Schimpf-Tiraden. Der Respekt für seine Karriere überwog.

Hitzfeld gerührt: »Man erlebt nicht alle Tage, dass man einen Rekord-Nationalspieler verabschiedet. Das geht unter die Haut. Lothar ist Legende.«

Anschließend gab Matthäus noch vor den beiden Trainern eine Pressekonferenz, seine Freundin Maren Müller-Wohlfahrt immer in der Nähe. Lothar: »Die deutschen Stadien, die Bundesliga, die Fans und den FC Bayern werde ich vermissen. Natürlich wäre es schöner, mit einem Sieg zu gehen.«

Er kletterte mit Maren und ihrem Bruder Kilian in einen Hubschrauber und flog nach München. Live-Schaltung zum Bundesliga-Abschied in die SAT.1-Fußball-Sendung »ran«. Danach traf Matthäus wieder mit seiner Bayern-Mannschaft zusammen. Lothar hatte sogar seiner Ex-Frau Silvia abgesagt, die an diesem Abend in ihren 40. Geburtstag hinein feierte. Bei einem opulenten Abendessen gerieten dann auch die Gegentore in Vergessenheit ...

... und Lothars fantastische Bundesliga-Karriere rückte in den Mittelpunkt: 464 Spiele (302 für Bayern, 162 für Gladbach), 121 Tore (85 Bayern/36 Gladbach), davon 30 Elfmeter (27 Bayern/3 Gladbach). Sechsmal Deutscher Meister mit Bayern.

Lothar Matthäus – ein Stück Bundesliga-Geschichte ist an diesem 4. März gegangen ...

Der Abschied vom Pokal

Drei Tore, ein Sieg und ganz viel Wehmut

Die DFB-Pokal-Spiele sind im Ansehen der Fans gesunken. Der »Pott« hat etwas von seinem Glanz der 70er und 80er Jahre verloren. Das bekam auch Lothar Matthäus beim letzten Pokalspiel seiner Karriere zu spüren …

16. Februar 2000. Halbfinale! Ein Heimspiel! Und jeder Bayern-Fan wusste, dass es Lothars letzter Pokal-Auftritt sein würde. Doch Gegner, Wetter, Fernsehen und der Spieltag vermiesten Matthäus einen würdigen Pokal-Abschied.

Temperaturen um den Gefrierpunkt, und dann noch an einem Mittwochabend gegen die unattraktiven Rostocker ein Pokalspiel, das live im Fernsehen übertragen wurde. Da verloren sich nur 10 500 Zuschauer im riesigen Olympiastadion. Minusrekord der Saison 1999/2000. Davon kamen auch noch 3000 Fans aus Rostock. Die Reporter der ARD im Stadion verzichteten erstmals auf Funk-Geräte, um sich zu verständigen. Im leeren Stadion war auch jeder Zuruf zu verstehen …

Lothars 58. Pokalspiel entwickelte sich jedoch zu einer unterhaltsamen Show. Zumindest in der 2. Halbzeit. Trainer Ottmar Hitzfeld hatte sich Matthäus und Co. in der Pause noch einmal richtig vorgeknöpft: »Nehmt den Gegner endlich ernst und findet die richtige Einstellung! Lothar hat bei seinem letzten Pokalspiel ja wohl einen Sieg verdient!« Der Appell an die Ehre wirkte. Nach dem Seitenwechsel schneite es zwar auch noch – aber es hagelte zudem Tore.

58. Minute: Santa Cruz 1:0, 66. Minute: Santa Cruz 2:0, 75. Weilandt 2:1, 76. Kuffour 3:1, 82. Wibran 3:2. Munter, munter!

Libero Lothar Matthäus spielte zwar nicht zu Null, leitete aber beide Treffer von Santa Cruz mit feinen Pässen ein. Endstand 3:2, Bayern zum 12. Mal im Finale, wie im Vorjahr gegen Werder! Leider ohne den New Yorker Matthäus. Obwohl der Rahmen in Berlin gewiss angemessener für seinen Abschied von der Pokal-Bühne gewesen wäre. Matthäus nach seinen letzten 90 Pokal-Minuten: »Da kommt schon Wehmut auf.«

Matthäus und der DFB-Pokal. Schon eine kuriose Beziehung, in der aus Lothars Sicht auch einiges schief ging …

Es fing alles an im September 1979: Mit Gladbach schnupperte Lothar erstmals in diesen Wettbewerb hinein. Und verpasste Rot-Weiß Essen gleich ein 4:0.

Zweimal gewann Matthäus die Trophäe: 1986 mit Bayern gegen Stuttgart (5:2), 1998 mit Bayern gegen Duisburg (2:1).

Aber Matthäus verschenkte zwei zusätzliche Pokal-Siege in seiner Sammlung am Elfmeterpunkt. 1984 verschoss er beim Elfmeterschießen im Finale für Gladbach gegen Bayern. 1999 scheiterte er mit einem Elfmeter an Bremens Torwart Rost – wieder Titel futsch.

Und 1985 kassierte er mit den Bayern eine sensationelle 1:2-Niederlage im Endspiel gegen Außenseiter Bayer Uerdingen.

Matthäus: »Natürlich lief das mit den Elfmetern sehr unglücklich. Aber was mir vom DFB-Pokal in Erinnerung bleibt, sind die tollen Fußball-Feste in Berlin. Dort den Pokal überreicht zu bekommen, ist einmalig. Schön, dass ich das in meiner Karriere zweimal erleben durfte.«

Schiedsrichter: Steinborn (Sinzig)
Zuschauer: 10 000
Tore: 1:0 Santa Cruz (58.), 2:0 Santa Cruz (66.), 2:1 Weilandt (75.), 3:1 Kuffour (76.), 3:2 Wibran (82.)

Matthäus, der Kämpfer: Beim 3:2 im Pokal-Halbfinale gegen Rostock fährt er Christian Brand in die Parade.

KIA

Stars erzählen

Ein einmaliges Foto mit monatelangem Anlauf: Das PREMIERE WORLD All Star-Team mit Paulo Sergio, Bernd Schuster, Rudi Völler, Franz Beckenbauer, Lothar Matthäus und Tony Woodcock (v. l.). Am 20. Dezember 1999 brachte der Abonnementensender die Super-Stars vor der Kamera von Promi-Fotograf Paul Schirnhofer zum Gruppenbild in München zusammen. Mehr zu den All Stars auf Seite 90/91.

Der Sonnenstich am Pool

Von Erich Ribbeck

Man trifft sich immer zweimal im Leben: Erst bei Bayern, jetzt bei der Nationalelf sind Erich Ribbeck und Lothar Matthäus ein »Paar«.

Noch ganz genau erinnere ich mich an einen meiner ersten Zusammenstöße mit Lothar. Es war bei der EM 1980 in Italien, und ich war der Assistent von Jupp Derwall. Angeordnet war Mittagsruhe. Und die meisten Spieler hielten sich auch daran. Nur unser Lothar bedurfte einer Extraeinladung. Er saß in der glühenden Mittagshitze am Hotel-Swimming-Pool und gab ein Interview nach dem anderen. Da platzte mir der Kragen, und ich musste etwas lauter werden, jagte unser hoffnungsvolles Talent Matthäus (und auch noch den ein oder anderen Spieler) lautstark auf ihre Zimmer. Inzwischen sind wir wohl beide etwas ruhiger geworden, haben uns bei Bayern wieder getroffen und jetzt in der Nationalmannschaft.

Jupp Derwall schickt den jungen Matthäus aufs Feld: Der Jupp machte Matthäus 1980 zum Nationalspieler, war bis 1984 Bundestrainer.

Wie mich Lothar ins Schwitzen brachte

Von Jupp Derwall

Gleich nach seiner ersten Saison in Gladbach habe ich ihn in die Nationalelf berufen und mit genommen zur EM 1980 nach Italien. Bei mir hat er auch sein erstes Länderspiel bestritten – während der EM gegen Holland. Beim Stande von 3:0 habe ich ihn eingewechselt. Aber Lothar Matthäus brachte mich ganz schön ins Schwitzen. Er verursachte gleich einen Elfmeter, der zum 1:3 führte. Und es wurde noch einmal richtig eng, als die Holländer auf 2:3 heran kamen. Mir schossen schon die Schlagzeilen durch den Kopf. Der Schlusspfiff war wie eine Erlösung, für Lothar vermutlich genauso wie für mich. Meine Güte, was hätte ich für Prügel einstecken müssen, wenn das schief gegangen wäre.

Zahn um Zahn, Auge um Auge: Lothar Matthäus und Berti Vogts, hier bei Bayerns UEFA-Cup-Feier 1996. Acht Jahre war Vogts sein Bundestrainer, davor hatte er ihn schon in der U 21.

Warum ich Udo Lattek belügen musste

Von Berti Vogts

In meiner letzten Saison in Gladbach holten wir noch einmal den UEFA-Cup. Es war im Frühjahr 1979, als ein junger Bursche bei uns zum Probetraining erschien. Zufällig war er in meiner Gruppe. Mir imponierte, wie frech und selbstbewusst dieser junge Dachs auftrat. Und ich gebe gerne zu, dass ich ganz schön alt aussah. Nach diesem Training fragte mich unser Chefcoach Udo Lattek, was ich von dem jungen Spieler halte. »Gar nichts, Trainer«, habe ich geantwortet. Ich hatte meine Gründe dafür. Denn Udo Latteks Weggang zum Saisonende stand bereits fest und ich wollte nicht, dass er uns Matthäus wegschnappt und zu seinem neuen Verein mit nimmt. Nach diesem Gespräch bin ich direkt auf die Geschäftsstelle gegangen zu unserem Manager Helmut Grasshoff, habe ihm gesagt: »Den Matthäus müssen Sie sofort verpflichten.« Am nächsten Tag hat Lothar bei Gladbach unterschrieben.

Wie er sich Respekt verschaffte …

Von Jupp Heynckes

Als er mit gerade erst 18 Jahren zu Borussia Mönchengladbach kam, war ich sein erster Trainer. Mir hat imponiert, wie er sich gleich im 1. Training Respekt verschaffte. Das berühmte Spielchen fünf gegen zwei. Die Fünf außen müssen die beiden in der Mitte ins Leere laufen lassen. Als ein arrivierter Spieler Matthäus veräppeln wollte, machte der Jungdachs kurzen Prozess, grätschte den erfahrenen Hasen auf die Aschenbahn. Da wußte gleich jeder, was Sache war. Entsprechend schnell hat er sich durchgesetzt. Nach vier, fünf Saisonspielen war er Stammspieler und in seinem ersten Profijahr gleich bester Borussen-Spieler. Schon damals zeigte er seine unwiderstehlichen Läufe über das ganze Spielfeld und kam in gleichem Tempo auch wieder zurück. Das hat ihn weltberühmt gemacht. Und schon hier hat er den Grundstein für seine einmalige Karriere gelegt.

Kräftemessen beim Wein: Lothar Matthäus und sein Entdecker Jupp Heynckes, der ihn in Gladbach zum Nationalspieler formte.

Bei Lothar habe ich mich verschätzt

Von Giovanni Trapattoni

Zwei, die sich blendend verstehen: Giovanni Trapattoni machte Matthäus zum Weltstar und ihn auch in München zum Kapitän.

In einem langen Leben begeht man viele Fehler. Aber einer meiner größten war es sicherlich, dass ich vor zwei Jahren Lothar Matthäus nicht mit nach Florenz genommen habe, als ich Bayern in Richtung Italien verließ. Lothar hätte in die Stadt am Arno genauso gut hingepasst, wie die Ponte de Veccio oder die Uffizien. Ich habe leider von diesem Transfer Abstand genommen, weil ich damals glaubte, dass der 37-jährige Fußballstar einfach zu alt für die Aufgabe in der Toskana wäre. In Italien glaubt man einfach, dass ein Fußballer, der die 35 erreicht hat, nicht mehr spielen sollte. Matthäus führt diese Meinung ad absurdum.

Wie habe ich mich selbst mit dieser Einschätzung geirrt. Mit Matthäus hätten wir mit Sicherheit mindestens das Viertelfinale der Champions-League in dieser Saison erreicht und auch in der Meisterschaft hätten wir viel länger den renommierten Teams Paroli bieten können. Schon bei Inter Mailand hat uns Lothar mit seinem Fußballgenie zu vielen Siegen geführt. Die Meisterschaft und der Uefa-Cup-Erfolg haben unseren Verein geschmückt und seine tollen Leistungen gekrönt.

Vor ein paar Tagen kam mein Mittelfeldstar Rui Costa auf mich zu und sagte: »Trainer, haben sie Lothar im Fernsehen gesehen. Der spielt einfach überragend. Können wir den nicht hierher nach Florenz lotsen.« Diese wohlgemeinte Aussage war für mich ein wahrer Schlag ins Gesicht. Jetzt, da Lothar schon 39 ist, kommt ein junger Spieler auf mich zu und schlägt ihn als Verstärkung vor. Da fiel mir wieder ein, was für einen großen Fehler ich begangen habe. Leider kann diesen nicht rückgängig machen, aber Lothar ist einfach einmalig.

Wie Lothar mein Chef wurde ...

Von Udo Lattek

Liebesgrüße zum Abschied: Lothar Matthäus umarmt Udo Lattek, als sich der Meistertrainer 1987 mit dem Titel verabschiedet, als Sportdirektor nach Köln wechselt .

Es war in der Saison 85/86. Ich hatte damals zwei Mittelfeld-Regisseure: Lothar Matthäus und den Dänen Sören Lerby. Beide kämpften um die Chefrolle, beide wollten sich eine glänzende Ausgangsposition für die WM in Mexiko verschaffen, wo Deutschland und Dänemark in der Vorrunde auch noch aufeinander trafen. Ich ließ beide zunächst gewähren. Bis zur Winterpause. Doch da spielten wir nicht besonders erfolgreich. Also musste ich eine Entscheidung treffen. Ich machte den erfahrenen Lerby zum Chef – und wir wurden doch noch Meister, weil erst Kutzop einen Elfmeter verschoss und Werder Bremen am letzten Spieltag in Stuttgart verlor, während wir gegen Gladbach 6:1 gewannen. Noch heute spricht übrigens Lothar selbst von seiner schönsten weil spannendsten Meisterschaft.
Im Jahr darauf – Sören Lerby war nach Monaco gewechselt – hieß mein Mittelfeld-Chef Lothar Matthäus. Als Uli Hoeneß in der Winterpause ankam und mir Sören Lerbys Rückkehr ans Herz legte (der fühlte sich in Monaco nicht wohl, wollte zurück), habe ich entschieden abgelehnt. Nur eine klare Hierarchie garantiert Erfolge. Lothar blieb mein Boss – und wir wurden zum dritten Mal in Folge Deutscher Meister, diesmal sogar mit sechs Punkten Vorsprung.

Wie locker er vor wichtigen Spielen ist

Von Ottmar Hitzfeld

Lothar ist einer der lockersten Fußballstars aller Zeiten. Dies bewies er mir vor sechs Wochen sehr eindrucksvoll. Ich rief ihn damals auf seinem Handy in den USA an, um ihm vor seinem ersten Spiel im Trikot der Metrostars Glück zu wünschen. Den Text hatte ich mir im Kopf schon zurecht gelegt, da ich nicht erwartete, 1 1/2 Stunden vor Anpfiff Lothar persönlich an der Strippe zu haben. Die Mailbox sprang nicht an – Lothar höchstpersönlich meldete sich. Ich war total sprachlos und hatte Mühe, meine Gedanken zu sammeln. Natürlich versuchte ich mich kurz zu halten, da ich dachte, Lothar müsste doch zur Mannschaft. Doch unser ehemaliger Leitwolf ignorierte meine vier Versuche, das Gespräch zu beenden, und wollte alles über den FC Bayern wissen. Nach guten 40 Minuten musste Lothar aber doch los. Der Mannschaftsbus der New Yorker hupte auf dem Parkplatz seit Minuten orchesterreif.
Dieses Beispiel zeigt klar auf, wie locker und gelöst Lothar vor wichtigen Spielen ist. Doch wenn die Partie, wie in diesem Fall gegen Miami Fusion, angepfiffen wird, ist er voll konzentriert. Er hat die Fähigkeit, seine Mitspieler mitzureißen, er ist mental sehr stark und weiß genau das richtige zu tun. Eine echte Persönlichkeit, die sich auch in den kritischsten Momenten den Medien stellt. Nur wenn ich das nächste Mal anrufe, achte ich darauf, dass ich selber viel Zeit für das Gespräch mit Lothar einplane.

Mit ihm holte er den letzten Titel in der Bundesliga: Ottmar Hitzfeld setzte auf Matthäus, gemeinsam wurden sie Meister 1999.

Warum ich Lothars Hochzeit verpasste

Von Mehmet Scholl

Zugegeben, ich bin ein Schlitzohr. Aber der Lothar kann manchmal ein noch viel größeres sein. Beispiele gefällig? Da könnte ich ganze Bücher voll erzählen. Die beste Geschichte erlebte ich Ende 1993. Ich wollte in diesem Winter unbedingt mal wieder zum Skifahren in die Berge. Klar, dass ich den Schweiz-Experten Matthäus um Rat gefragt habe. Und natürlich hat mir Lothar auch gleich ein Super-Haus in Crans Montana empfohlen.
Mit meiner damaligen Frau Susanne verbrachten wir dort den Jahreswechsel. Es war ein Traumurlaub, in dem wir uns wunderbar erholt haben. Kurz vor unserer Abreise rief Lothar noch mal an und bat mich, unbedingt noch bis zum 8. Januar zu bleiben. Er würde ein Hotel eröffnen und hätte mich dort sehr gerne dabei.
Bist Du wahnsinnig, habe ich ihn gefragt. Das kannst du mal schön alleine machen. Doch, sagte Lothar, bitte bleibe unbedingt. Ich hatte trotzdem keine Lust mehr und fuhr nach München.
Zwei Tage später fiel mir morgens fast die Zeitung aus der Hand: Lothar hatte völlig überraschend seine Lebensgefährtin Lolita in Crans Montana geheiratet. Von wegen Hotel! Wieso hast Du mir nichts gesagt, habe ich ihn direkt am Telefon gefragt. Scholli, sagte er, wenn Du es vorher gewusst hättest, wäre der Trubel noch größer als bei jeder Hoteleröffnung gewesen.

Im Gleichschritt Marsch: Lothar Matthäus und Mehmet Scholl haben auch privat so manchen Mist gemeinsam ausgeheckt.

Wie mich Lothar sprachlos machte

Von Uli Hoeneß

Lothar hat mich schon einmal total sprachlos gemacht. ER schaffte dieses im Januar 1995. Wir spielten auf der Bielefelder Alm in aller Freundschaft gegen die Arminia. Plötzlich hörte ich einen lauten Knall und Lothar wälzte sich auf dem Rasen. Die Diagnose war erschütternd. Matthäus riss sich damals die Achillessehne. Viele Experten glaubten an das vorzeitige Ende dieses Ausnahmespielers. Doch als ich nach dem Spiel in den Mannschaftsbus kletterte, traf mich fast der Schlag. Lothar saß ganz relaxt in seinem angestammten Sitz und organisierte per Handy seine Rehabilitation. Als wir auf die Autobahn Richtung Süden einbogen, hatte Lothar schon alles organisiert. Die Arzttermine waren schon organisiert, das Reha-Zentrum gebucht und die Privattrainingsgeräte bestellt. Ich war total verwundert, wie schnell Lothar die wichtigen Schritte eingeleitet hatte. Ein wahrer Profi auf und außerhalb des Rasens. Mich hatte es somit nicht verwundert, dass Matthäus schon nach drei Monaten wieder fit war. Frei nach dem Motto: Der frühe Lothar fängt den Wurm.

Was sich liebt, das neckt sich: Lothar mit Bayern-Manager Uli Hoeneß auf dem Oktoberfest.

Nicht nur Bayern wird er fehlen...

Von Roberto Carlos

Roberto Carlos, der kleine Brasilianer mit dem mächtigen Bums, nimmt Lothar in den Arm. Eine nette Geste zum Abschied.

Ich bin kein Typ für übertriebene Gesten. Schon gar nicht in fremden Ländern, bei Menschen, die du nicht kennst. Als Lothar sich bei unserem Zwischenrunden-Rückspiel in München von der europäischen Bühne verabschiedete, habe ich gespürt: Hier tritt ein ganz Großer ab.
Ganz spontan bin ich auf ihn zu, habe ihn auf dem Feld bei seiner Auswechslung umarmt. Ich habe ihm auf englisch viel Glück ins Ohr gehaucht und den Zusatz: »Zeig den Amis mal, wie richtig Fußball gespielt wird.« Lothar hat nur gegrinst, weil er – da war ich ganz erstaunt – in diesem Moment kein Wort rausgebracht hat. Der war den Tränen ganz nah.
Ich gebe gerne zu, dass ich bei seinem Abschied auch gedacht habe: Wenn du mal aufhörst, möchtest du genauso begeistert von den Menschen gewürdigt werden.
Dass wir an diesem Abend mit 1:4 ganz böse unter die Räder gekommen sind, habe ich in diesen Minuten völlig verdrängt. Und irgendwie hat Lothar mir dann 6 Wochen später beim nächsten Aufeinandertreffen beim Halbfinale in Madrid richtig gefehlt. Den Bayern auch – was man am Ergebnis sah.

Lothar hat den 7. Sinn des Fußballes

Von Alex Ferguson

Gewann mit Manchester United 1999 die Champions League: Alex Ferguson

Es waren die Augen, eigentlich nur die Augen. Sie schauten in einer Mischung aus Wut, Willen und böser Vorahnung auf das Spielfeld. Der Leitwolf verließ kurz vor Ende der regulären Spielzeit den Rasen des Camp-Nou-Stadions von Barcelona. Lothar Matthäus hatte nach einem aufreibenden Kampf im Finale der Champions League gegen mein Manchester seine Auswechslung erbeten. Er war sichtlich kaputt, erschöpft, hatte wie immer alles gegeben. Bayern-Trainer Ottmar Hitzfeld erhörte die Bitte seines Antreibers und brachte Thorsten Fink. Lothar schnallte sich die Schienbeinschoner ab, setzte sich auf die Rückenlehne der Ersatzbank und fieberte mit seiner Truppe, die noch 1:0 führte. Ich beobachtete ihn aus dem Augenwinkel. Immer wieder wurde ich fast magisch von der kauernden und gespannt zuschauenden Person angezogen. Ich kann gar nicht erklären, warum. Aber der Anblick faszinierte mich auf eine ganz besondere Art und Weise.
Als die 90 Spielminuten vorüber waren, registrierte ich bei Lothar eine unnatürliche Aufregung. Er bewegte sich hektischer als auf dem Platz, sprang wie ein Gummiball auf und ab. Lothar war außer sich, als würde er das für die Bayern erschütternde Ende auf eine gewisse Weise vorausahnen. Ich glaube, nein, ich bin sogar überzeugt: Er ahnte die Niederlage, er besitzt den 7. Sinn.
Das Ende ist bekannt. Schon nach dem Ausgleich durch Teddy Sheringham setzte sich Lothar zurück auf die Bank, noch bevor Ole Gunnar Solskjaer unseren Siegtreffer erzielte. Übrigens: In dieser tragischen Niederlage haben die Bayern, vorneweg Matthäus, das englische Fairplay perfekt vorgelebt.

Nur bei den Möbeln gab's Probleme

Von Octavio Zambrano

Wenn ich nicht wüsste, dass Lothar Matthäus aus einer fränkischen Stadt namens Herzogenaurach stammt, würde ich annehmen, er sei ein echter New Yorker. Er hat sich sehr, sehr schnell dem Tempo der wohl schnellsten Stadt der Welt angepasst. Man sagt der Stadt am East und Hudson River nach, dass alles doppelt so schnell passiert wie anderswo, und man auch doppelt so viel erlebt. Der »Big Apple« ist sicherlich die verrückteste Stadt der Welt. Aber Lothar hat sich hier unglaublich schnell zurecht gefunden, als hätte er niemals wo anders gelebt.
Ich habe natürlich mit Hilfe von Manager Nick Sakiewicz unserem Neuzugang einige Behördengänge abgenommen. Er soll sich, wenn es möglich ist, nur auf den Fußball konzentrieren. Die Beschaffung der Registriernummer, die Bestellung der Telefonanlage, die Anmeldung bei den örtlichen Stellen oder die Besorgung von Bankverbindungen. Das Aussuchen der richtigen Möbel für seine schöne Wohnung am Central Park konnten wir ihm leider nicht abnehmen. Die vorgesehene Einrichtung ließ er gleich wieder mit dem Möbelwagen abholen. Und so wurde der 2000seitige Katalog notgedrungen für die ersten Wochen zur Lieblingslektüre von Lothar.

Erklärt die Taktik: Trainer Octavio Zambrano mit seiner Nummer 10 Lothar Matthäus.

Lothar kam, doch ich war schon weg

Von Bora Milutinovic

Der Mann, der Matthäus nach New York holte: Bora Milutinovic, hier bei der WM '98 als Nationaltrainer von Nigeria.

Ich hatte mich so auf ihn gefreut. Doch dann kam alles ganz anders. Anders als wir es geplant hatten. Leider war es mir nicht mehr vergönnt, mit diesem unglaublichen Dauerbrenner zusammen zu arbeiten. Wir haben uns oft in den Stadien dieser Welt getroffen, zufällig einige gemeinsame Flugreisen bestritten, aber unglücklicherweise waren wir nie in einem Verein gemeinsam tätig. Fast hätte es bei den MetroStars geklappt. Ich hatte eigentlich vor, um Lothar herum eine starke Truppe aufzubauen. Die Querelen bei den New Yorkern ließen mir leider keine Wahl. Ich ging von den MetroStars weg und verpasste die vielleicht letzte Chance, mit Lothar zusammen zu arbeiten. Wie oft haben wir telefoniert, stundenlang hatten wir die mögliche Taktik bis in die kleinsten Einzelheiten diskutiert. Viele, viele eventuelle Neuzugänge standen bei uns auf dem Papier. Alles war dann doch für die Katz. Nach meinen WM-Erfolgen mit Mexiko, Costa Rica, Nigeria und den USA glaubte nicht nur ich, dass wir nach einer schlechten Saison in der MLS die MetroStars wieder ins Rollen bringen. Lothar wäre in der Planung mein verlängerter Arm gewesen, nun muss Matthäus leider ganz allein die Karre aus dem Dreck ziehen.

Das Handy ist sein bester Freund

Von Tom Dooley

Seit ich mit Lothar Matthäus das Zimmer bei den MetroStars teile, spielen für mich die Ausdrücke Rocket, Valkyire, Menuet, Reveille oder Bossanova eine ganz neue und erschreckend wichtige Rolle. Das sind nicht die Namen der Cheerleader-Girls unserer Truppe. Nein, das sind die Klingelzeichen und -Melodien, die Lothar im fröhlichen Wechsel aussucht. Seit seiner Ankunft am 10. März dröhnen diese Klänge durch unser gemeinsames Mannschaftsquartier. Von früh bis spät, aufgrund der Zeitverschiebung, rattert Lothars Handy. Und noch immer habe ich mich an die Klingelsignale nicht gewöhnt. Ich hätte nie gedacht, dass eine einzelne Person so beliebt und gefragt sein kann. Wer nicht alles etwas vom Rekordnationalspieler wissen will. In erster Linie sind es die Freunde. Die Spezies aus München und ganz Deutschland. Der Lieblingsgastronom, der Weinhändler, der Maßschneider, der Autoverkäufer, der ehemalige Nachbar oder sein Feinkost-Höker. Dazu die Familie, besonders die Kinder. Und die ehemaligen Kollegen vom FC Bayern, die Mitspieler der Nationalmannschaft. Und die Journalisten. Dabei waren sie doch alle da. Mich traf fast der Schlag, als Matthäus mit einem 60-Mann-Tross hier im »Big Apple« auflief. Kaum ein Staatsmann oder Popstar hätte solch einen Hofstaat aufbieten können.

Ganz ehrlich: Manchmal genieße ich es geradezu, wenn Lothar in Europa bei der Nationalmannschaft ist. Denn dann nimmt er sein Handy mit …

Das ist Lothars neue Mannschaft mit Tom Dooley und Lothar Matthäus: oben v.l. Steve Shark, Ramiro Coralles, Alex Cos, Mike Petke, Mike Ammann, Mahammad Khakpour. Vorne v.l. Mark Chung, Petter Villegas, Brian Kelly, Thomas Dooley und Lothar Matthäus.

Film ab – doch der Löffel fehlte …

Von Tony Yeboah

Lernten sich beim Werbespot für Danone kennen: HSV-Torjäger Tony Yeboah und Lothar Matthäus.

Wenn ich an Lothar denke, erinnere ich mich mit Bauchschmerzen an unsere Dreharbeiten zu den Danyplus-Sahne-Werbespots. Schmerzen, nicht weil wir von den Desserts zu viele verspeist haben. Nein, weil die Aufnahmen unglaublich lustig waren und durch Lothars komische Grimassen und Gesten die Konzentration auf das Wesentliche sehr, sehr schwer fiel.

Wir trafen uns in München, um den Werbefilm zu drehen. Die Story des Spots ist schnell erzählt. Ich lümmele mich neben Lothar auf einem Sofa, und wir futtern wie verrückt einen Schokoladen-Pudding nach dem anderen. Plötzlich sind die Becher leer und wir rennen gemeinsam zum Kühlschrank. Doch da steht nur ein Dessert, das sich Lothar greift. Ich zögere nicht lange und renne auf die Straße. Mein bayrischer Freund hört, während er die Süßigkeit verspeist, einen LKW röhren. Ich sitze mittlerweile im Führerhaus und hupe wie verrückt. Mein Partner kommt auf die Straße gesprintet, die Laderampe des LKW wird geöffnet und Tausende von Dany-Bechern lächeln uns an. Plötzlich ruft mein Mitbewohner: Einer geht noch, und zückt einen Dessert-Löffel. Ich kontere auf sein Besteck mit einer riesengroßen Kelle. Man braucht sicherlich nicht viel Phantasie, um sich vorzustellen, dass wir bei diesen Dreharbeiten viel Spaß hatten. Einmal ging die Kühlschranktür nicht auf, dann griff der falsche Wohnungsbewohner nach dem Becher, dann rutschte Lothar beim Laufen aus, ich vergaß aus dem Führerhäuschen des LKW zu schauen, oder beim Showdown fehlte ein Löffel.

Wir hatten unseren Spaß, wir lachten fast permanent, und die Kollegen am Set wurden von unserer guten Laune angesteckt. Ich bin froh, dass ich als Partner von Lothar ausgesucht wurde, denn diese Stunden mit diesem lustigen Vogel bleiben mir unvergessen.

Wie ich Lothar zum Dressman machte

Von Walter Zenga

Sie spielten bei Inter zusammen, in Länderspielen gegeneinander: Lothar Matthäus und Italiens Torwart Walter Zenga.

Das erste Zusammentreffen von Lothar Matthäus und unserer Mannschaft bei Inter Mailand war wie eine Sonnenfinsternis. Üblicherweise ist alles still und jeder bestaunt das Naturschauspiel. Dieses Phänomen ereignete sich in der Umkleidekabine unseres Trainingsgeländes. Die gesamte Truppe war schon da, es wurde geschwatzt, die neuesten Witze erzählt, die gerade beendete Europameisterschaft 1988 in Deutschland wurde heißblütig analysiert. Also herrschte ein sehr munteres Treiben, zu vergleichen vielleicht mit den Markttagen in Catania, Palermo oder Siena. Stars wie Bergomi, Baresi oder Ferri standen halbnackt auf den Fliesen und genossen lautstark das Wiedersehen.

Plötzlich ging die Kabinentür auf und Lothar Matthäus kam herein. Schlagartig war es totenstill im Umkleideraum. Alle starrten nur noch den Neueinkauf vom FC Bayern München an. Ich glaubte, in den Blicken meiner Mannschaftskameraden lesen zu können: Das soll der große Mittelfeldstratege aus Deutschland sein? Der mehrmalige Deutsche Meister? der Finalist des Landesmeisterendspiels von 1987, der Halbfinalist der diesjährigen Euro?

Unser Erstaunen bezog sich auf seine Kleidung. Wir Italiener legen größten Wert auf unser Outfit. Lothars Klamotten entsprachen ganz und gar nicht unseren Vorstellungen. Mit einem T-Shirt, Turnhose und Sportschuhen bekleidet, sah er eher aus, als wolle er unsere Autos waschen. Ich rettete die peinliche Stille, indem ich aufsprang, Lothar begrüßte und seinen neuen Mannschaftskollegen vorstellte. Am Nachmittag machte ich mit dem Neuzugang eine Stadtrundfahrt, und wir besuchten rein zufällig auch meine bevorzugten Herrenausstatter.

Als Berti kopflos war …

Von Bodo Müller

Münchens Prominenten-Bäcker Müller: Zum 34. Geburtstag gratulierte er Lothar mit einer Torte der ganz besonderen Art.

Wenn Lothar Feste feiert, haben wir Freunde immer eine Menge zu lachen. Wie bei seinem 34. Geburtstag. Traditionell hatte ich natürlich die Torte kreiert. Eine echtes Kunstwerk, an dem ich Stunden gebastelt habe. Oben auf der Torte thronte eine große Lothar-Figur – natürlich mit acht Telefonen in der Hand. Umrahmt mit den wichtigen Menschen in seinem Leben. Berti Vogts, der damalige Bundestrainer, sein Freund und Manager Norbert Pflippen, seine damalige Frau Lolita und Sohn Loris, Kaiser Franz Beckenbauer und auch ich.

Zum Schutz des Werks hatte ich die Torte hinter Plexiglas gepackt und sie zur Feier zum Starnberger See transportiert. Wir deponierten sie in einem Nebenraum. Um wenig später eine böse Überraschung zu erleben: Dem Bundestrainer hatte jemand die Rübe abgehauen. Berti Vogts kopflos. Eine böse Verschwörung? Ein Skandal?
Nein! Nur Söhnchen Loris hatte sich an der Torte schon mal bedient. Und sich dabei Berti als Opfer ausgesucht. Dass er symbolisch damit schon mehr wusste als viele Fußball-Fans, hat der Junge wohl nicht einmal geahnt …

Wie ich Lothar zum Nationalspieler machte

Von Bernard Dietz

Wegen Lothar habe ich Blut und Wasser geschwitzt. Wir führten bei der Europameisterschaft 1980 im zweiten Gruppenspiel gegen den Erzrivalen Holland leicht und locker mit 3:0. Klaus Allofs hatte uns mit drei Toren fast schon ins Finale geschossen. Es waren nur noch 20 Minuten zu spielen. Ich sah, wie engagiert der damals 19jährige Lothar Matthäus an der Außenlinie sein Aufwärmprogramm absolvierte. Kurze Sprints, lange Steigerungsläufe, Dehnübungen. Ich spürte ganz genau: Da draußen ist einer, der will, der brennt, der seine Premiere im Nationalteam feiern will. Doch ich wusste, freiwillig wäre keiner meiner Mitspieler vom Rasen gegangen, um für einen Einwechselspieler Platz zu machen. Also griff ich mir ein paar Mal demonstrativ an die rechte Leiste, signalisierte der Bank, dass man mich bei diesem vermeintlich sicheren Spielstand auswechseln und schonen sollte. Diese Aktion hatte ich schon mit Jupp im Mannschaftsquartier ausgeklügelt, um Lothar bei passender Gelegenheit zu seinem ersten Länderspiel zu verhelfen.
Matthäus kam, sah und fegte los wie der oft beschriebene wild gewordene Handfeger. Kurz vor dem Strafraum senste er einen Holländer einfach um, Schiedsrichter Wurz zeigte aber leider auf den Elfmeter-Punkt.
Ich erschauderte auf der Bank, schaute nach rechts und sah in ein ebenfalls bleiches Gesicht des Bundestrainers. Es kam noch schlimmer. Die Holländer verkürzten auf 2:3. Mittlerweile wurden wir beiden Verschwörer an der Seitenlinie von Schweißausbrüchen heimgesucht. Unsere Hände zitterten, und wir beteten für ein glückliches Ende. Das Versagen der deutschen Mannschaft wäre uns beiden, dem Trainer und seinem Kapitän, mit Sicherheit angelastet worden.
Doch wir gewannen die Partie in Neapel mit 3:2, wurden später Europameister.

Nach dem 1. Länderspiel: Kapitän Dietz hatte für Matthäus Platz gemacht, holte ihn persönlich vom Spielfeld ab.

Enttäuscht verlässt Matthäus das Podium – ohne Pokal. UEFA-Boss Lennart Johansson übergibt an die Bayern (hier Trainer Hitzfeld) nur die Silbermadaille.

Matthäus ist ein Vorbild für den Fußball

Von Lennart Johansson

Die Überraschung muss mir buchstäblich im Gesicht abzulesen gewesen sein. Als ich den Rasen des Camp-Nou-Stadions betrat, war die Fußballwelt anders, als ich sie kurzzeitig verlassen hatte. Fünf Minuten vor dem Abpfiff verließ ich laut Protokoll meinen Platz in der Ehrenloge des Stadions, um im Innenraum die Siegerehrung durchzuführen. Im größten Stadion Europas bewegt man sich durch viele Gänge, Tunnel und benutzt ein paar Fahrstühle, um nach unten zu gelangen. Während meines Weges zu den Mannschaften habe ich mir für den vermeintlichen Sieger FC Bayern München, sie führten eben kurz vor Schluss im Champions-League-Finale gegen Manchester United mit 1:0, ein paar launige Worte zurecht gelegt. Ich freute mich, dem Kapitän Lothar Matthäus den Europacup, diese gewaltige Trophäe, die der 38-Jährige bisher vergeblich gejagt hatte, an die Brust zu drücken. Wenn es jemanden gegeben hätte, dem ich diesen Cup gewünscht hätte, dann sicher diesem vorbildlichen Sportsmann. Als ich am Spielfeldrand ankam, bemerkte ich, dass eine allgemeine Hektik herrschte. Kollegen von der UEFA banden die rot-weißen Schärpen vom Pokal und banden schwarz-rote an die Griffe. Manchester hatte in der Nachspielzeit das Spiel gedreht und Bayern in ein Tal der Tränen gestürzt. So konnte ich Lothar nur die Silbermedaille um den Hals hängen, die er nach zwei Schritten in seiner verständlichen Enttäuschung wieder abnahm. Die Bayern und besonders das Vorbild Lothar Matthäus haben sich sehr sportlich nach dieser unglücklichen Niederlage gegeben und für mich galt mal wieder die Erkenntnis, dass in wenigen Sekunden nicht nur im Fußball das Schicksal einem ein Schnippchen schlagen kann.

Der filmreife Auftritt

Von Robert Schneider

Sein neuer Manager: Robert Schneider von der Agentur ISPR.

München, Englischer Garten im September 1999. Ein sonniger, sehr warmer Tag am Kleinhesseloher See.
Schon seit Stunden wird gedreht. Schließlich soll der TV-Spot für PREMIERE WORLD mit Lothar Matthäus als Testimonial absolut perfekt sein. Überall herrscht Hektik, Szenen müssen wiederholt werden. Mal ein Versprecher, mal steht die Sonne gerade nicht günstig und dann das: Langsam und gemächlich fährt ein Ruderboot, besetzt mit einer vierköpfigen Familie, ins Bild der Kamera. »Stop, Aus«, ruft der Regisseur sichtlich genervt, springt ans Ufer, um den Bootsinsassen klar zu machen, dass sie im falschen Film sind. Keine Reaktion. Seelenruhig paddeln die zwei Erwachsenen und zwei Kinder weiterhin im Film herum. Winken sogar, weil sie sich an den Zuschauern am Ufer zu erfreuen scheinen. Mittlerweile versucht die ganze Filmcrew in unterschiedlichen Sprachen, mit viel Gestik und Mimik, die Film-Eindringlinge zu vertreiben. Alles ohne Erfolg. Da springt Lothar Matthäus, der die Szene bis dahin in völliger Ruhe aus dem Hintergrund beobachtet hatte, ans Ufer, ruft einige Sätze auf italienisch. Der Auftritt dieser Persönlichkeit war dermaßen überzeugend, dass die vier in totale Hektik verfielen und mit vereinten Kräften aus dem Blickfeld ruderten.

Der Yacht-Unfall auf Mauritius

Von Norbert Pflippen

Ein Gespräch unter Freunden: Lothar mit Norbert Pflippen, seinem langjährigen Berater.

Urlaub – die schönste Zeit des Jahres. Da kann man mal alles ausleben, wofür sonst keine Zeit bleibt. Haben wir gemacht. Es war im Sommer 1985, als wir gemeinsam mit unseren Frauen Urlaub machten auf der Trauminsel Mauritius. Wir erfuhren, dass auf der Nachbarinsel eine große Misswahl veranstaltet wurde. Lothar und ich, wir wollten da unbedingt hin. Natürlich ohne unsere Frauen. Also haben wir uns heimlich eine Motor-Yacht gechartert, um uns die Auswahl hübscher Bräute aus nächster Nähe anzusehen. Aber die Yacht kenterte. Wir retteten uns auf einen Felsen und hatten richtig Pech: Der war voller Seeigel. Als endlich ein Rettungsboot kam und uns ins Krankenhaus brachte, wurden die Stachel gezählt: Lothar hatte 135, ich 114. Jeder musste einzeln heraus gezogen werden. Drei Tage lang mussten wir beide dick bandagiert herumlaufen – und konnten natürlich auch unseren Frauen die Spritztour nicht länger verheimlichen.

Mitglied der BILD-Chefredaktion: Alfred Draxler

Programmdirektor Sport bei TM 3: Michael Pfad

Fußballchef beim Sportinformations-Dienst: Ralph Durry

Chefredakteur des kicker: Rainer Holzschuh

Zigaretten im Strumpf

Von Alfred Draxler

Lothar Matthäus – er hat mehr als 140 Länderspiele.
Ich traf ihn nach seinem 4.
Unsere Nationalmannschaft war auf Südamerika-Reise. Lothar feierte in Rio seinen 21. Geburtstag. Er hatte gerade ein starkes Länderspiel gegen den legendären Brasilianer Zico hinter sich – und ein noch stärkeres gegen den legendären Maradona in Argentinien vor sich.
Ich interviewte ihn am Strand von Ipanema und schrieb, dass es der Druchbruch des Nationalspielers Lothar Matthäus gewesen sei.
Er erzählt mir, dass er hier sei, um von den großen Nationalspielern zu lernen. Und plötzlich bückte er sich, krempelte das linke Bein seiner Trainingshose hoch und zauberte aus seinem Strumpf eine Schachtel Zigaretten heraus.
»Wollen Sie auch eine«, grinste er, »ich verrat's auch nicht dem Bundestrainer.«
Über den Jungen, dachte ich damals, werden wir Journalisten noch viel zu schreiben haben.
Ein Abschied mit Gänsehaut.

Lothar sprachlos

Von Michael Pfad

Oft hat es das in der großen Karriere von Lothar Matthäus nicht gegeben. Aber ich durfte dabei sein, als Lothar sprachlos war. Keinen Ton rausbrachte. Und wer war Schuld? Franz Beckenbauer persönlich.
Es war bei der WM 1994. Als rasender Reporter fuhr Beckenbauer mit uns durch die Lande, führte professionell Interviews mit Pele, Placido Domingo, – und an diesem Morgen mit Lothar Matthäus.
Wir hatten Franz in der Besprechung eingebläut: »Franz, wir haben für das gesamte Interview nur 2 Minuten.« Mit dieser Message im Gepäck erschien der Kaiser am Drehort. »Lothar, wir haben nicht viel Zeit, also halte dich kurz«, gab er Weisung. Das Interview startete und Franz holte aus: »Sag mal, Lothar, wie siehst du…, meinst du nicht auch, dass…, oder könnte man vielleicht nicht auch…«. Es war unglaublich. Franz hörte nicht auf, eine einzige Frage zu formulieren. Lothar, ihm gegenüber, versuchte immer wieder zu antworten, hineinzuspringen in den Redeschwall des Kaisers – keine Chance. Franz fand immer wieder eine neue Wendung in seiner Fragestellung.
Aber keine Angst. Nach 2 Minuten bremste ein Aufnahmeleiter den Redefluss. Und dann legte Lothar los…

Offenheit imponiert

Von Ralph Durry

Viele Jahre habe ich die Nationalmannschaft begleitet, war bei vier WM- und vier EM-Titelkämpfen hautnah dabei. Trotzdem kann ich mich noch genau an meine erste Begegnung als Journalist mit Lothar Matthäus gut erinnern. Ich war Volontär der Fußball-Woche in Köln und besuchte das U 21-EM-Qualifikationsspiel in Arnsberg gegen Finnland. Wie Lothar zählte ich 20 Lenze, so fiel der Kontakt zu den deutschen Nachwuchsspielern nicht schwer. Im DFB-Team standen neben Matthäus noch andere Koryphäen wie Rudi Völler oder Pierre Littbarski. Deutschland gewann 4:2, zweimal traf »Litti«, einmal Matthäus. Ich weiß noch genau, dass mir von Anfang an die totale Offenheit imponierte. Lothar redete ohne Punkt und Komma, meist reichten zwei oder drei Fragen, um den Block voll zu bekommen. Später wurde der Kontakt enger und wir waren beileibe nicht immer einer Meinung. Aber streiten kann man sich mit »Loddar« einfach wunderbar. Das Schöne, er ist nicht nachtragend, sondern liebt es, jemanden von seiner Meinung zu überzeugen.

Erster Weltfußballer

Von Rainer Holzschuh

Die FIFA hatte zu Beginn der neunziger Jahre meine Idee aufgenommen, jährlich einen Welt-Fußballer zu küren und mich mit der Umsetzung des Projektes betraut. Rund ein Drittel der in aller Welt vom »Kicker« angeschriebenen Nationaltrainer hatte als Jury mitgemacht und den Kapitän des Weltmeisters auf den ersten Platz gesetzt.
Doch dieser Titel war neu, ihm fehlte Tradition, Renommee und damit auch Unterstützung der Sponsoren. Um zumindest bei der weltweit ausgestrahlten Qualifikations-Auslosung für den nächsten Worldcup im Bild vertreten zu sein, flog ich an den Comer See, Lothars damaligen Wohnort. Nebel am Mailänder Flughafen, wir kamen erst vier Stunden nach der vereinbarten Zeit in Lothars Domizil an. Reichlich unter Zeit- und Nerven-Druck drohte Lothar, die offizielle »Zeremonie« der Übergabe mit geplantem Interview zu kippen, ehe ich ihm in der Küche und mit Hilfe eines schnurrenden Katers als psychologischem Katalysator klar machen konnte, was dieser Titel in der Zukunft für einen Stellenwert besitzen werde.

So wurde Lothar Profi

Von Franz Brungs

Unter »Goldköpfchen« Franz Brungs (ganz links) schaffte Lothar Matthäus mit seinem FC Herzogenaurach den Aufstieg in die Bayern-Liga.

Es gibt viele Geschichten über Lothar, und manch einer erzählt heute auch gerne von seinen Anfängen. Wie es wirklich war, habe ich wohl am besten miterleben können. Damals 1978/79 war ich Trainer der ersten Mannschaft des FC Herzogenaurach. Die spielten in der Landesliga, damals noch die zweithöchste Amateurklasse. Schon als A-Jugendlichen holte ich Lothar in die erste Mannschaft, und mit ihm und einer wirklich tollen Mannschaft gelang uns der Aufstieg in die Bayern-Liga.

Was kaum einer heute noch für möglich hält: Lothar war in der A-Jugend ein wirklicher Toptorjäger, war vor dem Kasten eiskalt. Der Kontakt zu seinem ersten Profiverein bestand schon lange. Das hatte zwei Gründe: Zum einen hat der Puma-Chef Armin Dassler einen guten Draht zum Puma-Verein am Niederrhein. Zum anderen gefiel Lothar dieser Club schon immer ganz gut.

Den Wunsch, Profi zu werden, hatte Lothar schon immer. Meine Aufgabe war, ihn auf diesen Schritt vorzubereiten. Ich weiß noch, wie er damals von Jupp Heynckes – damals ebenfalls noch sehr jung – geschwärmt hat.

Wenige wissen, dass der Transfer von Lothar nach Gladbach schon lange feststand. Nur hatten wir es Matthäus noch nicht sofort mitgeteilt. Bis sich eine unglaubliche Geschichte abspielte. Jupp Heynckes wollte sich von Lothars Qualitäten noch einmal überzeugen, was allerdings nichts mehr mit dem längst abgeschlossenen Transfer zu tun hatte. So kam er zu einem Spiel nach Herzogenaurach, was Lothar angesichts des hohen Besuchs dermaßen unter Druck setzte, dass er die schwächste Halbzeit dieser Saison spielte. Ich weiß noch genau, wie er in der Pause in der Kabine bittere Tränen weinte, weil er dachte, dass nun der Transfer platzen würde. Doch nun kam Lothars größte Stärke zum Tragen – sein unbedingter Wille. Er ging wieder raus, erzielte gleich in der ersten Viertelstunde zwei Tore und glaubte wieder an das, was außer ihm schon alle wussten: seine Karriere als Profi.

Schnaps war sein erstes Wort

Von Hans Drebinger

Lothars Lehrer an der Hauptschule Herzogenaurach: Hans Drebinger

Auf den Mund gefallen ist er nun wirklich nicht. Schon damals war Lothar ein ziemlich vorlauter Bursche. Ich erinnere mich noch an meine Hochzeit damals Anfang der 70er Jahre. Wir hatten ein großes Fest im Ort gefeiert und viele in Herzogenaurach war geladen.
Einige Gäste kamen auch ungeladen. Wie Lothars Clique, die damals gerade mal zehn oder elf Jahre alt waren. Spät am Abend standen plötzlich die Jungs vor der Tür und wollten ihrem Sportlehrer gratulieren.
Ich gebe gerne zu: Ich war freudig überrascht, denn dass Schüler bei meinem Polterabend vorbeischauen, hatte ich nun wirklich nicht erwartet. Klar, dass die Jungs nicht auf dem Trockenen bleiben sollten. Wollt Ihr was essen, fragte ich und bekam einstimmig zu hören: Kuchen! Und trinken? Limo! Nur Lothar sagte kess: Nee, lieber einen Schnaps. Großes Gelächter bei allen Gästen, und manch einer warf dem Bub ein Lächeln rüber. Nur auf den Schnaps musste er noch ein paar Jahre warten …

Lothar auf Brautsuche

Von Hans Nowak

Wenn wir in Franken Kirchweih haben, muß ich noch heute immer wieder an Lothar Matthäus denken. 1981 haben wir das Fest handstreichartig viel früher eröffnet. Alles begann mit Lothars Hochzeit in Erlangen. Selbst der alte Puma-Chef Armin Dassler war gekommen. Nicht das einzige Fest in der Gegend. Denn in Herzogenaurach begann am gleichen Abend das traditionelle Kirchweih-Fest.
Klar, dass wir Lothars schöne Braut Silvia dorthin entführten. Leider waren die Vorbereitungen noch in vollem Gange. Überall wurde gehämmert und geschraubt. Doch schon nach wenigen Minuten hatten wir die Kapelle zu einer »Orchester-Probe« überredet. Und plötzlich gab es kaum ein Halten mehr. Schnell kamen immer mehr Leute zusammen, ein paar Fässer wurden angeschlagen. Die Stimmung wurde ausgelassen. So begann die Kirchweih ohne Ankündigung plötzlich zwei Stunden früher.
Lothar, davon nichts ahnend, hatte kaum mit diesem Ziel der Entführung gerechnet und brauchte lange, bis er uns endlich fand.

Gilt als eigentlicher Entdecker von Lothar: Hans Nowak

Fast hätte mich Lothar zum Weltmeister gemacht

Von Günter Güttler

Alter Kumpel und Weggefährte: Günter Güttler

Mein bester Freund Lothar ist ein kleiner Schweinehund. Schon in unserer Jugend in Herzogenaurach war Lothar uns immer eine Nasenlänge voraus. Er hatte die besten Fußball-Schuhe, den schönsten Fußball, die modischsten Jeans-Hosen, das angesagteste Fahrrad und später auch das schnellste Mofa. Er hat immer durch kleine Jobs außerhalb der Schulzeit das nötige Kapital erarbeitet, um sich seinen jugendlichen Lebensstil zu finanzieren. Er hat Zeitungen ausgetragen, Brötchen angeliefert, Rasen gemäht oder Wasserkisten geschleppt.
Wir beide haben in unserer Kindheit alles zusammen gemacht. Besonders schön waren unsere gemeinsamen Fahrten zu Partys. Ich hockte zwischen Lenker und Tank von Lothars Mofa und mein cleverer Freund fuhr. Auch bei den Mädchen hatte er einen ganz besonderen Schlag. Er ging immer mit der Hübschesten aus. Wir waren unzertrennlich – eine herrliche Zeit.
Nur eine Sache ist uns nie gelungen: Wir haben nie gemeinsam Fußball gespielt.
Lothar spielte für den FC, ich für den ASV Herzogenaurach. Als er 1979 nach Gladbach wechselte, wollte er mich mitnehmen. Doch ich entschied mich dagegen, ging ein Jahr später zum FC Bayern München. Als er dann fünf Jahre später zu den Bayern kam, war ich schon nicht mehr da und spielte im belgischen Mechelen.
Die letzte Chance, doch noch einmal gemeinsam in einer Mannschaft zu stehen, ergab sich vor der WM 1990 in Italien. Da suchte Franz Beckenbauer einen Ersatz-Libero, falls Klaus Augenthaler verletzt ausfallen sollte. Ich weiß, dass Lothar bei Franz Beckenbauer vorgesprochen hat mit den Worten: »Ich würde den Güttler mitnehmen. Der war schon immer besser als ich.« Doch über Bayern, Mechelen und Nürnberg war ich beim Abstiegskandidaten SV Waldhof Mannheim gelandet. Da fehlte mir natürlich die internationale Erfahrung. Deshalb entschied sich der Teamchef für den Kölner Paul Steiner und gegen mich. Steiner wurde Monate später Weltmeister.
Mit mir einmal zusammen in einer Mannschaft zu spielen, war vielleicht das einzige, was Matthäus in seiner Karriere nicht geschafft hat...

Wenn wir zusammen spielten, gab's nur Ärger

Von Wolfgang Matthäus

Für uns gab's damals nur Fußball. Und auch nur einen Verein: Den PUMA-Klub FC Herzogenaurach. Natürlich spielten Lothar und ich in verschiedenen Mannschaften. Schließlich bin ich vier Jahre älter. Aber zweimal spielten wir zusammen. Zwei Spiele, die ich nie vergessen werde.

Das erste war in der B-Jugend. Ich war also 16, Lothar erst 12. Dass er trotzdem schon zu unserem Kader gehörte, zeigt nur seine Klasse. Lothar war Mittelstürmer, mein Platz eher in der Abwehr. Ich will hier auch meinen Spitznamen nicht verschweigen. Es war »Berti Vogts«. Immerhin war Gladbach der Vorzeigeklub von PUMA und damals die beliebteste Mannschaft in ganz Deutschland.

Zurück zum Spiel. Es war das Derby, das wichtigste Spiel des Jahres. Wir mit dem FC Herzogenaurach gegen den ASV Herzogenaurach, den adidas-Klub. Es stand 2:2, als Lothar eingewechselt wurde. Wir wollten unbedingt gewinnen. Und was passiert mir? Ein Eigentor zum 2:3. Kein guter Einstand für das Brüder-Paar Matthäus.

Zwei Jahre später spielten wir wieder gemeinsam. Diesmal in der A-Jugend gegen den FC Jahn Forchheim. Auch dieses Spiel hat eine besondere Geschichte. Denn als Lothar eingewechselt wurde, musste ich vom Platz. Nicht, weil der Trainer einen Matthäus gegen den anderen ausgetauscht hätte, sondern weil ich unmittelbar nach Lothars Einwechslung die Rote Karte sah.

Zwei Spiele, ein Eigentor, eine Rote Karte – auch eine Rekord-Bilanz. Lothar flachste schon: »Mit dir spiele ich nie wieder.«

Es ist dann auch so gekommen. Leider habe ich mich in der A-Jugend schwer am Knie verletzt, musste am Meniskus operiert werden und meine Karriere beenden. Dafür arbeite ich jetzt schon seit 25 Jahren im Nachwuchsbereich des FC Herzogenaurach, trainiere zur Zeit die D-Jugend. Und da gibt es einen neuen Matthäus, meinen Sohn Patrick. 11 Jahre ist er jetzt alt und hat sogar schon mal beim FC Bayern an der Säbener Straße gespielt. In einem Freundschaftsspiel mit dem FC Herzogenaurach.

Für ein Spiel war da wirklich ein neuer Matthäus beim FC Bayern...

Lothars Bruder: Wolfgang Matthäus (links) mit den Eltern.

An seinem Geburtstag hat es klick gemacht

Von Maren Müller-Wohlfarth

Lebt mit Lothar in New York: Maren Müller-Wohlfahrt

Lothar und ich – wir kennen uns seit Jahren. Das ergab sich fast zwangsläufig, weil Lothar wie viele andere Bayern-Spieler auch Stammgast in der Praxis meines Vaters war und oft genug auch bei uns zu Hause zu Besuch kam. Natürlich haben wir dann auch gequatscht. Und da habe ich dann irgendwann fallen lassen, dass ich mal gerne ins »Tantris« möchte. Das ist der Gourmettempel in München von Sternekoch Winkler.

Jahre später steckte mir Lothar ein Couvert zu. Es war ein typischer Lothar. Einfach so schenkte er mir zu Weihnachten 1998 einen Gutschein, so wie er vielen Freunden und Bekannten kleine Aufmerksamkeiten zusteckt. Darauf stand: Ein Gutschein für ein Essen zu zweit im »Tantris«.

Unglaublich, dass er sich nach Jahren noch an diesen Wunsch erinnerte, den ich einfach so daher gesagt hatte.

Weder er noch ich haben im ersten Moment daran gedacht, dieses Essen gemeinsam zu genießen. Aber je länger ich darüber nachdachte, mit wem ich denn nun diesen wunderschönen Abend verbringen wollte, je überzeugter war ich: Das mache ich mit Lothar. Ich wartete nur auf eine passende Gelegenheit.

Fast drei Monate später, am 21. März, habe ich Lothar angerufen. Es war sein Geburtstag. Ich habe ihm gratuliert und ihn dann gefragt: »Darf ich Dich einladen?« Erstaunlich genug, dass Lothar an diesem Abend noch nichts geplant hatte. Er sagte spontan zu.

Wir ließen uns richtig verwöhnen an jenem Abend. Ein Menü mit mehreren Gängen, ein schöner Wein, ein Aperetif, danach ein Digestif. Wir haben geredet den ganzen Abend. Und ich gebe zu: An jenem Abend hat es klick gemacht, ich habe mich verliebt.

Seinen 38. Geburtstag werde ich deshalb wohl nie vergessen.

Warum ich stolz auf ihn bin

Von Lolita Morena

»Für mich war Lothar immer der Beste – vor allem, als er ganz unten war. Und das besonders nach seinem Kreuzbandriss, den er sich 1992 bei einem Punktspiel in Parma zugezogen hatte.
Nach der Operation hatte er den totalen Frust. Vor allem auch, weil sie ihn bei Inter Mailand hängen ließen und keiner mehr an seine Rückkehr glaubte. Wir versteckten uns damals in Crans Montana in der Schweiz. Jeden Morgen habe ich zu ihm gesagt: Lothar, Du schaffst es! Loris und ich – wir wollen Dich bei der WM in den USA sehen!
Lothar ist alleine durch die Wälder gerannt, bis ihm übel wurde. Er hat gekämpft, mehr als je zuvor auf dem Rasen. Er hat mir unendlich leid getan wegen der Qualen, die er auf sich genommen hat. Aber gleichzeitig habe ich ihn unheimlich bewundert für die Energie und Willensstärke, die er in seine Genesung investierte. Er hat es geschafft. Hat sogar seine Verletzungspause genutzt, um seinen Wechsel zum FC Bayern voran zu treiben. Hat sich durchgesetzt in München und nicht nur die WM 1994 in Amerika, sondern inzwischen auch die WM 1998 in Frankreich gespielt.
Nach der WM in den USA war auch so eine kritische Phase. Nach dem Ausscheiden in New York hackten alle auf Lothar herum. Er wollte schon die Brocken hinschmeißen. Wir sind auf die Karibik-Insel Mustique geflogen. Auch da habe ich ihn immer wieder beschworen: Laß Dich nicht fertigmachen, zeig'es ihnen!
Er hat es wieder geschafft, sich gegen alle Kritiker behauptet. Inzwischen ist er nicht nur Deutschlands Rekordspieler, sondern auch Weltrekordler. Darauf kann er stolz sein – und ich bin es auch.

Während ihrer Ehe oft im Stadion: Lolita Morena

Das WC war auf dem Flur

Von Silvia Matthäus

Lothar nimmt seinen Abschied. Da fallen mir natürlich gleich und unwillkürlich die Anfänge ein. Wie alles vor mehr als 20 Jahren begann...
Genau erinnere ich mich noch an seinen ersten Vertrag. Den habe ich mit Gladbachs damaligem Manager Helmut Grashoff ausgehandelt. Es gab 50 000 Mark Jahres-Prämie und 2500 Mark brutto im Monat. Den Vertrag habe ich noch heute hier in meinem Haus in Kitzbühel.
Auch unsere erste Wohnung war ein absoluter »Hit«, als wir beide aus der Fußball-Provinz Herzogenaurach ins berühmte Mönchengladbach wechselten. Wir hatten zwei Zimmer mit Etagen-WC in der Bahnhofsnähe. Ein Zimmer diente uns als Schlafzimmer, das andere mussten wir erst umbauen. Denn da stand in der einen Ecke eine Bank, in der anderen die Dusche. Außerdem waren in dem Raum Spülbecken, ein Büffet-Schrank und ein Tisch untergebracht. Es war alles, nur kein gemütliches Wohnzimmer. Und zur Toilette mussten wir dann in den Hausflur. Wir haben viel Zeit und Mühe investiert, um daraus ein behagliches Heim zu machen. Aber trotzdem waren wir damals glücklich...

Silvia Matthäus, Lothars erste Frau, mit neuem Freund Claus Mathias, und den Kindern Viola, David, Alisa und Dominik

Als Papa ins Wasser plumpste...

Von Alisa Matthäus

Meine schönste Zeit war sicher die in Italien. Weil da die Familie noch zusammen war und Papa vor allem sehr viel Zeit für uns hatte. Nicht vergessen werde ich, wie wir mit kleinen roten Elektro-Ferraris spielten und damit über unseren Rasen brausten.

Aber noch schöner war folgende Geschichte: Mama machte den Bootsführerschein. Als sie den Schein hatte, fuhren wir ganz schnell zu unserem neuen Boot am Comer See. Stolz stellte sie sich ans Ruder. Papa war auch dabei. Und weil er nicht der Kapitän sein konnte, stellte er sich ganz hinten aufs Boot. So richtig in Siegerpose wie auf dem Fußballplatz. Da gab Mama plötzlich Gas, und Papa fiel ins Wasser. Nicht etwa in Badehose, sondern in voller Montur. Heute kann ich es ja sagen: Ich glaube, das hat Mama mit Absicht gemacht.

Seit der Trennung habe ich Papa meist nur ein, zwei, manchmal auch drei Tage am Stück gesehen. Aber jetzt hat er mich zusammen mit meiner jüngeren Schwester Viola für eine Woche nach New York eingeladen. Es war toll, wie uns Papa den Trump Tower zeigte, wie wir auf das Empire State Building kletterten und zusammen Basketball bei den New York Knicks angesehen haben. Es war eine herrliche Woche mit gaaanz vielen neuen Eindrücken.

Was mir aber besonders aufgefallen ist: Der Papa ist ganz hektisch geworden. Er hat sich über jede Kleinigkeit aufgeregt, besonders beim Autofahren. Ganz anders als damals im schönen Italien. Ich glaube, New York ist nicht der richtige Platz für ihn. Er liebt es doch eigentlich viel ruhiger. Ich glaube, München ist genau die richtige Stadt, wo er sich wohl fühlt.

Die drei Kinder Alisa, Viola, Loris mit dem stolzen Papa Lothar

Mitten in der Nacht stellte er uns Maren vor

Von Heinz Matthäus

Für Überraschungen ist unser Lothar immer gut. Es ist noch gar nicht so lange her, da klingelte plötzlich nachts um halb eins das Telefon. Meine Frau und ich, wir lagen schon im Bett. Am Apparat: Unser Lothar. »Wollt ihr heute noch den Weltrekordler sehen«, fragte er mich. Und ob ich wollte.

Gerade hatte er in Oslo sein 143. Länderspiel bestritten, damit den Rekord des Schweden Thomas Ravelli eingestellt. Deutschland hatte durch ein Tor von Mehmet Scholl sogar glücklich 1:0 gewonnen. Natürlich saß ich vor dem Fernseher, habe mir das Spiel angeschaut. Schließlich habe ich selbst ja mal für den FC Herzogenaurach auf dem linken Flügel gespielt. Meine Frau schaut sich keinen Fußball mehr an. Sie hat mit dem Herzen Probleme, das ist ihr zu aufregend. Besonders, wenn ihr Sohn mitspielt.

Lothar war mit der Mannschaft gleich nach dem Schlußpfiff zurück geflogen nach Frankfurt. Dort wartete schon ein Freund mit einem Auto auf ihn. Und der Weg von Frankfurt nach München führt nun einmal vorbei an Herzogenaurach.

Also haben wir uns wieder angezogen, meine Frau und ich, und eine deftige Brotzeit vorbereitet. Wir kennen doch unseren Jungen. Hunger hat er immer. Mit Pressack, Gurken, Käse, Wurst, Brot und natürlich Weißbier.

Es war schon nach eins, als er bei uns an der Tür klingelte. Aber er kam nicht alleine. Neben seinem Freund hatte er auch Maren dabei, stellte uns seine neue Freundin vor.

Beide stöberten in alten Fotoalben, Lothar zeigte ihr sein Zimmer, erklärte alles ganz genau. Es war ihm ein richtiges Anliegen, ihr alles zu zeigen und auch nach seinem Weltrekord noch bei uns vorbeizuschauen.

Und natürlich hat uns dieser Rekord genauso stolz gemacht wie ihn.

Passionierter Kaninchenzüchter, aber großer Fußball-Fan: Heinz Matthäus (oben)

Mama ist Lothars größter Fan: Katharina Matthäus *(Seite 63)*

Und ich musste zwischen zwei Bäumen ins Tor…

Von Katharina Matthäus

Gewohnt haben wir damals in einem Haus gleich neben dem Fabrikgelände von PUMA. Und in dem Haus wohnte noch eine ältere Dame zur Untermiete. Sie regte sich immer fürchterlich auf, wenn meine Buben lärmten und beim Fußballspielen mal wieder die Kellerfenster zu Bruch gingen.

Also bin ich mit meinen Jungs jeden Nachmittag in den nahen Wald gefahren, damit sie sich dort richtig austoben konnten. Ich hatte mein Strickzeug dabei und die Jungs einen Plastik-Ball. Wolfgang war damals wohl 11, der Lothar 7.

Aus Ästen bastelten sie sich Speere und haben ihre Kräfte dann im Speerwurf gemessen. Aber meistens wurde Fußball gespielt. Stundenlang, jeden Nachmittag, und das mit wachsender Begeisterung.

Zwei Bäume dienten als Torpfosten, eine Latte gab es nicht. Aber bald war's den beiden zu langweilig ohne Torwart, der ihnen den Ball zurück schießen konnte und vielleicht auch manchmal ein erschwerendes Hindernis darstellen konnte. Also haben beide beschlossen: »Mama, du musst ins Tor.« Ich stellte mich zwischen die Bäume und beobachtete meine Buben ganz genau. Der Lothar, vier Jahre jünger und entsprechend kleiner, konnte schon damals nicht verlieren. Immer dann, wenn mal wieder ein Schuss von Wolfgang den Weg zwischen die Bäume fand, ärgerte er sich maßlos. Und dann bekam auch ich mein Fett weg. »Was bist du nur für ein Torwart?« Meistens gewann trotzdem der Lothar.

Sonntags, wenn sie sich rausgeputzt hatten, wähnte ich sie immer in der Kirche. Aber schnell habe ich gespannt, dass das mit der Kirche nicht so weit her war. Die beiden spielten auf dem Kirchplatz Fußball. Nicht mit einem großen Ball, das wäre aufgefallen. Nein, sie nahmen einen Tennisball mit, den sie besser in der Hosentasche verstecken konnten. Und damit's zu Hause nicht auffiel, putzten sie danach sogar mit Grasbüscheln die Schuhe. Ich habe mich nur immer gefragt: Was machen sie nur mit dem Zehnerl, das ich ihnen für den Klingelbeutel mitgab. Sie investierten das Geld in den Kaugummi-Automat. Nicht, weil sie so gerne Kaugummi kauten, sondern weil es aufgefallen wäre, wenn sie das Zehnerl wieder mitgebracht hätten.

Böse konnte ich ihnen nicht sein, auch wenn ich damals so tun musste.

Seine Schlagzeilen

Lothar, der »Torminator«. Mit diesem Foto startete PUMA eine große Werbekampagne.

Der Stollen-Wahnsinn

Ausgerechnet im WM-Finale brach der Schuh

Fußballer und der Aberglaube ...
Jeder pflegt ihn auf seine Weise. Lothar Matthäus ganz besonders. Er hat sich in seiner großen Karriere Rituale angewöhnt wie kaum ein anderer. Immer geht er als Letzter aufs Spielfeld. Nur in seiner Zeit als Kapitän musste er notgedrungen als Erster auflaufen. Das Münchner Olympiastadion hat er in all den Jahren nie vor dem Aufwärmen betreten. Wenn der Bus ins Marathontor einfuhr, wählte er stets den Weg durch die Katakomben zur Kabine, nie über das Spielfeld.
Und auch die Schuhe, das wichtigste Werkzeug eines jeden Fußball-Spielers, haben eine ganz besondere Geschichte. Jeder hängt irgendwie an diesen Tretern. Lothar besonders. Und seine Schuhe, die er in Länderspielen trägt, haben immer einen Ehrenplatz.
Und so eine abergläubische Geschichte ist es auch, die im WM-Finale 1990 Geschichte schreibt.

Matthäus und der gebrochene Schuh: Mit der rechten Hand zeigt er den abgebrochenen Stollen. Deshalb musste er den alten Treter im WM-Finale wechseln.

Der Schuß, der Deutschland zum Weltmeister machte: Andy Brehme verwandelt den Elfmeter, obwohl der Elfmeter-Schütze eigentlich Matthäus hieß ...

Warum als Torschütze Andi Brehme in den Annalen steht und nicht Lothar Matthäus. Denn Elfmeterschütze Nummer eins der deutschen Nationalmannschaft war zu der Zeit Lothar Matthäus. Noch im Viertelfinale gegen die ČSSR hatte er das 1:0-Siegtor aus elf Metern geschossen. Alle fünf Elfmeter für Deutschland bis dahin souverän verwandelt. Aber im Finale der WM gegen Argentinien überließ er seinem Freund Andi Brehme den Vortritt.

Die einen haben gesagt: Weil Lothar immer kneift, wenn es drauf ankommt. Die anderen aber kennen die Geschichte vom gebrochenen Schuh.

Lothar Matthäus hat immer PUMA-Stiefel getragen. Weil sein Vater Heinz bei der Firma in Herzogenaurach Hausmeister war, auch seine Mutter dort aushalf, fühlte er sich Jahrzehnte lang mit diesen Schuhen verheiratet. Bei Gladbach spielte er damit, bei Bayern, auch zu jener Zeit bei Inter Mailand. Nur die Nationalmannschaft duldete keine Ausnahme. Hier hatte sich jeder berufene Spieler an die Richtlinien des DFB zu halten. Und der DFB hat nun einmal einen Ausrüstervertrag mit der Konkurrenz-Firma adidas.

Deshalb also trug Matthäus die WM-Schuhe nur in Länderspielen. Seit der WM 1986 immer die gleichen Stiefel Marke »World Cup«. 32 Länderspiele lang wurden sie gehegt und gepflegt, gesäubert und bestollt. Bis zum 8. Juli 1990 halten sie den Extrembelastungen stand, wenn Matthäus mal wieder zu einem seiner unnachahmlichen Sprints ansetzte und die Sohle voll durchbog. Wenn er nach einer Grätsche die Stollen in den Boden rammte, um möglichst schnell abzubremsen, aufzustehen und weiter zu spielen. Aber jetzt, im Endspiel 1990, passiert es: Die Sohle bricht!

Schon in der 1. Halbzeit – an die Szene selbst kann sich auch Matthäus nicht mehr erinnern – segnet die Sohle das Zeitliche. Sie zerbricht an der Stelle, wo der Stollen sitzt, der dem Fußballen den nötigen Halt gibt. Matthäus muss bei Halbzeit die Schuhe wechseln. Für jeden Fußballer ist das unbequem, wenn die zweite Haut nicht mehr wie eine Haut passt. Wenn neue Treter noch drücken und noch keine Geschichten erzählen können. Andi Brehme zum Beispiel steckte neue Schuhe immer erst in Wasser, um sie aufzuweichen und gefügig zu machen. Jetzt aber, in der Halbzeitpause des WM-Finals, in den Katakomben des Olympiastadions von Rom, ist selbst adidas-Service-Mann Manfred Drexler (früher Profi in Darmstadt und Schalke) überfordert. Was also tun?

Matthäus entschließt sich, mit zwei verschiedenen Schuhen die zweiten, entscheidenden 45 Minuten zu spielen: links den alten »World Cup«, rechts den von adidas zur WM 1990 neu entworfenen Schuh »Etrusco«. Zwei nicht nur vom Design völlig unterschiedliche Stiefel. Es geht gut, keinem fällt etwas auf. Im Gegenteil. Matthäus spielt den entscheidenden Pass, den er mit Rudi Völler noch tags zuvor beim Abschlusstraining immer und immer wieder geübt hat. Aus dem Mittelfeld nach halbrechts in den Strafraum. Völler dreht sich um seinen Gegenspieler Sensini, kommt zu Fall. Elfmeter!

Der mexikanische Schiedsrichter Codesal Mendez zögert keine Sekunde. Alle Proteste der Argentinier sind vergebens. Es sind noch ganze fünf Minuten zu spielen. 85 Minuten blieben torlos. Und jetzt die große Chance, Deutschland zum Weltmeister zu machen.

Noch während die hitzigen Diskussionen laufen, wendet sich Matthäus ab. Das deutliche Zeichen: Ich will nicht. »Andi, schieß du.« Matthäus wirft den Satz seinem Freund hin, übergibt die ganze Verantwortung seinem Inter-Mitspieler.

Brehme war verblüfft. Erinnerte sich an das Halbfinale, als Matthäus im Elfmeterschießen gegen die Engländer genauso souverän verwandelt hatte wie er selbst. Jetzt der Rückzieher des Kapitäns, die Übergabe an ihn.

Lothar Matthäus, der deutsche Kapitän. Zweitbester Spieler der WM (hinter dem italienischen Torschützenkönig Toto Schillaci), später zum Weltfußballer und Weltsportler 1990 gekürt, ebenso zu Europas Fußballer des Jahres 1990, hätte sich in diesem Moment unsterblich machen können. »Mit meinem alten Schuh hätte ich bestimmt geschossen, mit dem neuen nicht.«

Feigheit oder Vorsicht?

»In dem Moment«, so Matthäus später, »denkst du nicht darüber nach, was für Folgen ein Fehlschuß haben könnte. Du denkst auch nicht daran, dass du WM-Geschichte schreiben kannst. Du denkst nur an dein Gefühl. Und wenn du zwei verschiedene Schuhe trägst, dann bist du einfach unsicher. Deshalb habe ich sofort abgedreht, freiwillig verzichtet.«

Der Stollen-Wahnsinn – ausgerechnet im WM-Finale ist es passiert.

Der Zoff mit Berti Vogts

Intrigen, Rausschmiss und glanzvolles Comeback

Zwei Stars, die sich nicht riechen konnten: Jürgen Klinsmann (links) und Lothar Matthäus wurden gemeinsam Weltmeister, italienischer Meister und mit Bayern auch Deutscher Meister.

Berti Vogts und Lothar Matthäus: Eine Geschichte voller Intrigen, Neid und Missverständnissen …

Vielleicht auch ein Machtkampf zwischen Berti Vogts und Franz Beckenbauer, der auf dem Rücken von Matthäus ausgetragen wurde.

Denn Beckenbauer war es, der Matthäus zum deutschen Kapitän machte und zum Mittelpunkt des deutschen Spiels. An dem Erbe von Franz, dem Titelgewinn von 1990, den Weltmeistern, ist Berti Vogts schließlich zerbrochen.

Alles begann nach dem Aus bei der WM 1994, dem 1:2 im Viertelfinale gegen Bulgarien. Auf der Suche nach einem Sündenbock hatte Vogts schnell Matthäus ausgemacht. Ließ sich sogar den Ausdruck der Telefonnummern geben, die Matthäus vom Hotel in Chicago aus angewählt hatte. Der Bundestrainer witterte Verrat und Indiskretionen, die von Matthäus ausgingen.

Das Interview mit dem »Spiegel« direkt nach der WM (18. 7. 94) war verräterisch: »Für die Zukunft steht mein Abwehrblock mit Kohler, Helmer und Matthias Sammer als Libero.«

Die Ausbootung konnte Matthäus noch einmal abwehren. Vogts musste sogar den Gang nach Canossa antreten, nach München zu einer Aussprache anreisen und Matthäus mehr Kompetenzen einräumen.

In der DFB-Presseerklärung Nummer 39/94 vom 21. August 1994 dann die Kehrtwendung: »Seine Erfahrung ist wichtig für den Neuaufbau … Natürlich bleibt er auch unser Kapitän. Ich freue mich über seine Entscheidung.«

Matthäus spielte. Beim 1:0 in Moskau, beim 0:0 in Ungarn, beim 2:1 in Albanien, trug sich beim 3:0 in Moldawien und beim 2:1 gegen Albanien sogar in die Torschützenliste ein. Doch im Januar 1995 riss die Achillessehne – und Vogts machte (wie schon Monate zuvor geplant) Sammer zum Libero, Klinsmann zum Kapitän, obwohl der Stürmer nach der Anzahl der Länderspiele eigentlich Jürgen Kohler den Vortritt hätte lassen müssen.

Doch Matthäus kämpft. Schafft das Comeback bei Bayern, schießt am 23. März 1996 das 2:1 in Leverkusen – sein 1. Tor seit 2 Jahren. Es ist sein Wink: Ich bin wieder da.

Peinlich aber, wie der Bundestrainer mit seinem Ex-Kapitän und Rekord-Nationalspieler (122 Länderspiele) umgeht. So lädt er ihn zwar vor dem Dänemark-Länderspiel in München ins Mannschaftshotel zum Essen ein, verlegt dann den Essenstermin, ohne Matthäus zu informieren. Dann sieht sich Vogts lieber ein U 21-Spiel im Fernsehen an, als mit Lothar zu reden.

Matthäus selbst zieht die Konsequenzen. Ruft am 8. Mai 1996 bei Berti Vogts und DFB-Präsident Braun an, erklärt seinen Verzicht auf die EM

Zwangspause von 41 Länderspielen

Im Februar 2000 wurde Matthäus zum Weltrekord-Mann: Das 144. Länderspiel bestritt er beim 1:2 in Holland. Aber Matthäus hätte der erste Spieler mit 200 Länderspielen werden können …
Zwischen 1994 (beim 2:1 gegen Albanien) und 1998 (beim 0:0 in Finnland) bestritt die deutsche Nationalmannschaft 41 Länderspiele. 41-mal ohne Matthäus. Bertis Bannstrahl (und der Achillessehnen-Riss 1995) kosteten ihn den Rekord der Unsterblichkeit …

Der Rekordspieler und der Bundestrainer: Lothar Matthäus und Berti Vogts, vier Jahre lang nur Streit und Zoff. Vor der WM 98 gab's die »Zwangsversöhnung«.

1996. Weil er spürt: Da geht nichts mehr.
Am Mittwoch, 29. Mai, 22.55 Uhr, verkündet Berti Vogts live via TV nach dem EM-Test in Belfast gegen Nordirland bei ARD-Reporter Gerd Delling: »Die Tür ist zu. Lothar Matthäus wird nie mehr in der Nationalmannschaft spielen.« Der willkommene Anlass ist diesmal ein Interview in Sport-Bild, wo Matthäus die Vorwürfe an Klinsmann erneuerte, Klinsi habe ihn aus der Nationalelf gemobbt. Lothar: »Klinsmann hat mich in der Nationalelf ausgebootet.« Der Vorwurf war nicht neu. Schon zuvor hatte Matthäus seinen Widersacher Klinsmann zu einem Rede-Duell im TV herausgefordert. Und BILD titelte: Wer lügt?
Diesmal allerdings sieht Vogts die EM-Vorbereitung gefährdet, wird vom neuen Kapitän Klinsmann aufgewiegelt. Klinsmann: »Die Vorwürfe gehen unter die Gürtellinie.« Klinsmann und die sechs weiteren Bayern-Spieler schicken sogar ein Fax an das Bayern-Präsidium, fordern Konsequenzen und den Rausschmiss von Matthäus auch bei den Bayern.
Matthäus, der sich ungerecht behandelt fühlt, hält dagegen: »Beim DFB hat Klinsmann alles im Griff. Bei Bayern nicht. Da gibt es kompetentere Leute.«
Der EM-Triumph 1996 und die Sommerpause kitten den größten Riss. Und nach der EM gibt es eine Aussprache in New York. Am Rande des Weltauswahl-Spiels für Unicef gegen Weltmeister Brasilien treffen sich Beckenbauer, Matthäus und Klinsmann. Matthäus selbst stellt Klinsmann im 4. Stock des Sheraton-Hotels zur Rede. 45 Minuten lang Auge in Auge. Danach ruft er Beckenbauer an, sagte nur: Alles klar. Franz: »Sie haben das wie Männer geregelt.«
Der nächste Schritt folgt beim 60. Geburtstag von Uwe Seeler. Da bemüht sich Bayern-Vize Kalle Rummenigge als Schlichter, vereinbart einen Versöhnungstermin mit Egidius Braun. Am 21. November 96 findet das Treffen im Park-Hotel Düsseldorf statt: Matthäus und Rummenigge aus München, Braun aus Aachen, Vogts aus Gladbach. Danach die Pressemitteilung des DFB: »Die Irritationen sind ausgeräumt. Es wurde ein Schlussstrich gezogen.« Noch zwei Wochen zuvor hatte Matthäus geklagt: »Vogts ist die größte menschliche Enttäuschung meiner Karriere.«
Trotzdem bedeutete das noch lange nicht das Comeback. Dazu musste Vogts erst gezwungen werden. Durch die Verletzung von Matthias Sammer (Oktober 1997) und den doppelten Bänderriss von Ersatz-Libero Olaf Thon. Da machte Paul Breitner öffentlich, was alle dachten: Lothar muss mit zur WM!
In geheimer Mission flogen Vogts und DFB-Direktor Bernd Pfaff nach München, trafen sich in der Praxis von Dr. Müller-Wohlfahrt mit Matthäus. »Bist du bereit, auch als Reservist mit zu fahren?«
Man stelle sich vor: Helmut Schön hätte zur WM 1978 Franz Beckenbauer zurückgeholt und ihm dann eine Reservisten-Rolle angeboten. Unvorstellbar.
Doch Matthäus spielte das Spiel mit. Feierte nach 1255 Tagen beim 0:0 in Finnland sein Comeback, stellte auch während der WM keine Ansprüche. Er wusste: Qualität setzt sich durch. Schon im 2. WM-Spiel schlug seine große Stunde: 0:2 lag die deutsche Elf gegen Jugoslawien zurück, wurde ausgespielt und vorgeführt. Dann kam Matthäus (für Hamann), das Spiel endete 2:2. Und als es gegen den Iran noch 0:0 stand, wurde Vogts noch einmal zu seinem Glück gezwungen: Erst da machte er bei Halbzeit Matthäus wieder zum Libero.
Jürgen Klinsmann hat seine Karriere danach beendet. Berti Vogts räumte seinen Stuhl nach dem missglückten Neuaufbau im September 1998. Und Lothar Matthäus spielt immer noch …

MEIRO
Gesundheits-, Sport- und Kongresswelt
Der Mensch als Mittelpunkt
„Ich habe mich in der MEIRO Gesundheits-, Sport- und Kongresswelt intensiv umgeschaut und was ich gesehen habe, hat mich überzeugt. Wenn Sie mich fragen – dem Konzept von Hotel, Sport, Unterhaltung und Gesundheit aus einer Hand gehört die Zukunft. Überzeugen Sie sich selbst."
Franz Beckenbauer
Ausführliche Informationen erhalten Sie hier:
MEIRO Gesundheits-, Sport- und Kongresswelt
Heinz-Meise-Straße 101
36199 Rotenburg a. d. Fulda
Tel.: 0 66 23/88 - 62 00 o. - 63 60
Fax: 0 66 23/88 - 70 10 o. - 63 62
www.meiro.de

Schiedsrichter Krug hält schon die Karte in der Hand, die »Gelbe«. In Karlsruhe fühlte sich Matthäus »beschissen« ...

Der Ausraster von Karlsruhe

Wie sich Lothar mit Schiri Krug anlegte

Regel XXII, Ziffer 3j – der Auslöser des heftigsten Matthäus-Ausrasters in seiner Bundesliga-Karriere. 25 000 Mark Strafe und 1 Spiel Sperre sind die Folge.

Die Vorgeschichte, die Matthäus explodieren ließ: 19. November 1994, Bayern spielt in Karlsruhe. Bayern führt 2:1. Die 88. Minute: Der Gelbbelastete Kuffour humpelt vom Platz, kehrt aber Sekunden später im Laufschritt wieder zurück auf den Rasen – ohne vorherige Einwilligung des Schiedsrichters Hellmut Krug. Da greift Regel XXII, Ziffer 3j: Gelbe Karte! In diesem Fall dann Gelb/Rot für Kuffour. Und Karlsruhe schießt noch das 2:2 ...

Ihr Auftritt, Herr Matthäus!

Die TV-Kameras fangen nach dem Abpfiff diese Zitate ein: »So was habe ich in 15 Jahren Karriere noch nicht erlebt! Eine absolute Frechheit, was der gepfiffen hat. Das ist harte Arbeit, was wir hier leisten – und so einer macht dann alles kaputt. Alle Pfiffe gegen uns, wenn jetzt der DFB nicht einschreitet, verstehe ich gar nichts mehr. Ich bekomme wahrscheinlich eine Strafe – ist mir egal. Wie Herr Krug heute gepfiffen hat, hätte ich ihm die Rote Karte gezeigt.«

Sein verbaler Amoklauf endet im Kabinengang: »Lächerlich, so einer ist FIFA-Schiri. Der muss eine Superprämie vom KSC bekommen haben, der Super-Scheißer! Den habt ihr doch gekauft!«

DFB-Chefankläger Horst Hilpert übernahm die Ermittlungen. Matthäus wurde zu 25 000 Mark Strafe und einem Spiel Sperre verdonnert.

Wie ist dieser Ausraster zu erklären? Hat er als Nationalmannschafts-Kapitän nicht eine Vorbildfunktion? Matthäus: »Vorbild hin oder her – in erster Linie bin ich ein Mensch. In Karlsruhe hat man meine zwei Gesichter gesehen. Da ist etwas explodiert in mir. Das steckt einfach in mir drin, das ist mein Charakter. Ich weiß, dass ich mich im Ton vergriffen habe. Aber zu meiner Kritik stehe ich, Schiedsrichter Krug hat in diesem Spiel mit zweierlei Maß gemessen. Ich bin gegen Ungerechtigkeit. Und in diesem Fall ist mein Freund Samy Kuffour ungerecht behandelt worden.«

Lothar Matthäus nahm damals sogar in Kauf, dass seine Karriere Schaden nehmen könnte. Er sagte 1994: »Ich brauche nicht in einem Atemzug mit Franz Beckenbauer, Boris Becker und Max Schmeling genannt zu werden. Das ist mir nicht wichtig.«

Er hat sich nie verbiegen lassen – und genau deshalb steht er heute auf einer Stufe mit den ganz Großen des deutschen Sports.

Der Rekord-Körper

Lothar Matthäus, das Phänomen. Beim medizinischen Check-up waren Internisten und Chirurgen gleichermaßen begeistert. In 21 Profi-Jahren war unser Rekord-Spieler nur zweimal ernsthaft verletzt: Das Kreuzband riss 1992 im Alter von 31 Jahren. Die Achillessehne riss 1995, da war Matthäus 34 Jahre alt. Natürlich erwischten auch ihn Faserrisse in der Oberschenkel-Muskulatur, Verspannungen im Rücken, Tritte, Blutergüsse, Bänderrisse. Aber kaum ein Profi hat eine dermaßen gute Muskulatur. Dr. Müller-Wohlfahrt, Arzt der Bayern, der Nationalmannschaft und künftig vielleicht auch sein Schwiegervater, sagt es so: »Matthäus hat die idealen Hebel: Oberkörper, Oberschenkel und Unterschenkel stehen im richtigen Verhältnis zueinander.« Die 74 Kilo verteilen sich auf nur 174 Zentimeter. »Mein Körper«, so Matthäus selbst, »ist eine Gabe Gottes.« Natürlich hat er sich verändert, weil Matthäus ihn auch nie geschont hat. Und deshalb sagt er selbst: »Es ist wie ein Auto, das 200 000 Kilometer auf dem Buckel hat. Man kann mit ihm auch noch 100 000 Kilometer fahren, aber es ist halt kein Neuwagen mehr.«
Der Rekord-Körper: Lesen Sie mal, welche Verletzungen Matthäus in 21 Profi-Jahren wegstecken musste.

Der Kopf
Im August 1997 wurde operativ eine schmerzende Beule am Hinterkopf entfernt.

Der Rippenbruch
Im Mai 1987 brach er sich eine Rippe.

Das Kreuzband
Die erste schwere Verletzung am 12. April 1992, kurz vor der EM in Schweden. Da riss das vordere Kreuzband im rechten Knie (lateinisch: Lig. cruciatum anterius), wurde von Prof. Steadman in Vail/Colorado wieder zusammen geflickt. 160 Tage Qual und Schinderei bis zum Comeback.

Die Bänder
Im Oktober 1989 zog er sich einen Außenbandriss im Sprunggelenk des rechten Fußes zu. Sagte: »Das ist eine passende Auszeit, um für die WM wieder fit zu sein.« Das Außenband riss noch einmal. Im September 1997 wurde er erneut am rechten Fuß operiert.

Der Schleimbeutel
An der rechten Ferse hatte sich im Januar 1996 ein Schleimbeutel entzündet.

Der Spann
Während der WM 1994 in den USA zog er sich im Spiel gegen Südkorea eine ein Zentimeter breite Fleischwunde am rechten Spann zu.

Der Mittelfinger
Auch hier kann sich ein Fußballer verletzen. Am 9. November 1998 musste er nach einem Bänderriss am Mittelfinger der rechten Hand operiert werden.

Das Innenband
Innenbandriss im Knie im September 1985.

Der Meniskus
Im Juli 1987 musste er sich einer Meniskus-Operation unterziehen. Am 28. Juni 1991 wurde der Innenmeniskus am linken Knie operativ teilweise entfernt.

Die Wade
Schwere Quetschung der rechten Wade im März 1991 nach einem Tritt eines Gegenspielers in Pisa.

Die Achillessehne
Die zweite schwere Verletzung. Am 25. Januar 1995 um 19.02 Uhr riss bei einem Freundschaftsspiel in Bielefeld ohne Fremdeinwirkung die stärkste menschliche Sehne, die linke Achillessehne. Die Operation von Prof. Keyl in München-Bogenhausen dauerte 45 Minuten. Am 17. Juli 1995 musste er noch einmal an der Sehne operiert werden, eine Zyste hatte sich gebildet. Wieder schneidet Prof. Keyl die linke Sehne 17 Zentimeter auf, auch dieser Eingriff dauert 45 Minuten.

Nie wieder Fußball?

»Ich habe etwas von Rocky und Rambo«

Es war nach der zweiten Operation an der Achillessehne, als der Münchner Orthopäde und Operateur Professor Werner Keyl (58) diese Sätze sagte:

»Er hat nun einmal nicht mehr die Sehne eines 24-Jährigen, die Vorschädigung ist groß. Und irgendwann kommt eben das Karriere-Ende.«

An jenem 17. Juli 1995 war Lothar Matthäus 34 Jahre alt. War Welt- und Europameister, deutscher und italienischer Titelträger, UEFA-Cup-Gewinner mit Inter Mailand und Deutschlands Rekord-Nationalspieler. Er hatte 122 Länderspiele auf dem Buckel. Und nach diesen Worten des Mediziners, der in München-Bogenhausen die Achillessehne unseres Weltmeisters gerade zum zweiten Male zusammen geflickt hatte, war sich ganz Deutschland sicher: Das war's. Aus, vorbei, Schluß. Das Ende einer einmaligen Karriere.

Sein Manager Norbert Pflippen vergoss Tränen: »Lothar tut mir so leid.« Sein Nationalmannschafts-Kollege Stefan Reuter: »Das ist brutal. Jetzt wird es schwer für Lothar, noch einmal das Comeback zu schaffen.« Erich Ribbeck, damals Trainer in Leverkusen: »Tragisch.« Jürgen Grabowski, der Frankfurter Weltmeister: »Bitter, wenn eine so große Karriere so enden muss.«

Nur einer ließ anklingen, was viele hofften. Otto Rehhagel, damals noch in Diensten des SV Werder Bremen, nannte das Beispiel von Fritz Walter: »Der hat auch noch mit 38 Jahren

Das Gesicht ist schmerzverzerrt, Ärzte und Masseure stützen Matthäus: Zweimal in seiner Karriere hat es ihn schwer erwischt. Beim Punktspiel in Parma rissen die Kreuzbänder, beim Testspiel in Bielefeld die Achillessehne.

Mit Bänderriss im Krankenhaus: Lothar Matthäus trägt eine Spezialschiene um das linke Sprunggelenk.

eine WM gespielt. Warum soll Lothar das nicht auch gelingen?!«

Heute wissen wir: 1998 bei der WM in Frankreich war Lothar Matthäus wieder dabei. Mit 38 Jahren. Nicht mit seiner ihm angestammten Nummer zehn, sondern mit der acht. Zunächst auch nicht als Stammspieler, aber im Aufgebot.

»So tritt ein Lothar Matthäus nicht ab.«

Matthäus selbst sagte diesen Satz nach der zweiten schweren Operation an der Achillessehne, der stärksten Sehne des menschlichen Körpers. Bis zu 400 Kilo kann sie tragen, aber sie hielt nicht mehr die paar Kilo des Athletenkörpers. Zu viele Tritte hatte sie einstecken müssen, zu oft war sie bis an die Grenze belastet worden durch Sprints, durch explosive Antritte, die Matthäus immer ausgezeichnet hatten.

Uwe Seeler hatte es geschafft. Damals, im Februar 1965, als der Hamburger Arzt Dr. Fischer fünf Stunden lang Faser für Faser zusammen flickte, eine weitere Sehne dem Unterschenkel entnahm und zur Stabilisierung um die geflickten Fasern wickelte. Sechs Monate später stand er wieder auf dem Rasen, schoss Deutschland bereits im September mit seinem 2:1-Siegtor in Schweden zur WM 1966 nach England. Seeler – eine Ausnahme.

Deshalb klangen seine Worte in diesem bitteren Moment dünn. Sie wirkten wie billiger Zweckoptimismus, fadenscheinige Durchhalteparolen.

Aber sein Manager Norbert Pflippen untersagte jegliche Krankenhaus-Fotos seines Schützlings: »Einen Lothar Matthäus zeigt man nicht, wenn er schwach ist.« Nein, er

Aufbautraining im Kraftraum: Mit unbändigem Willen quälte sich Matthäus zu seinem Comeback.

wollte genauso wenig an dieses bittere Ende glauben wie Matthäus selbst.

Wenn die Achillessehne reißt, ist meistens Schluss. Das ist nahezu gleichbedeutend mit der Sportinvalidität.

Schon drei Jahre zuvor, als sein vorderes Kreuzband im rechten Knie riss, glaubten viele an das Ende. Denn auch ein Kreuzbandriss hat schon viele Karrieren brutal zerstört. So wie die des Kölners Paul Steiner, 35 Jahre alt, Mitglied der Weltmeistermannschaft 1990. Er musste neun Monate nach der Operation aufgeben. Die Schmerzen waren stärker als er. Auch Weltmeister Pierre Littbarski, den es im Alter von 32 Jahren im Training erwischte, spielte danach nie mehr für Deutschland. Und Inter Mailand, der stolze italienische Klub mit Präsident Ernesto Pellegrini an der Spitze, glaubte auch nicht mehr an Matthäus. Verpflichtete stattdessen genau für diese Position einen anderen Deutschen: Matthias Sammer.

Aber: Nicht nur Pellegrini hatte den unbändigen Willen des fränkischen Sturschädels unterschätzt. So, wie er auf dem Spielfeld schon verloren geglaubte Spiele noch umzubiegen verstand; so wie er viele große Kämpfe in seiner einzigartigen Karriere erfolgreich bestanden hatte, so ging er auch an diese, seine schwersten Kämpfe, heran: Mit unbändigem Willen, mit Kampfkraft, voller Leidenschaft, Intensität und Ausdauer.

»Ich habe«, so hat Lothar mal gesagt, »etwas von Rambo und Rocky.« Er ist im Sternzeichen des Widder geboren. Und denen sagt man eine große Kämpfernatur nach. Ein Lothar Matthäus gibt nicht auf.

Viereinhalb Monate nach dem Kreuzbandriss stand er wieder auf dem Rasen. Und zu dem »messianischen Sportereignis« (»Süddeutsche Zeitung«) an jenem 19. September 1992 kamen nicht wie gewohnt 17 000 Zuschauer gegen den SV Wattenscheid 09 ins Olympiastadion, sondern 51 000. Denn Matthäus feierte gleichzeitig seine Rückkehr nach München.

Nach dem Achillessehnen-Riss dauerte es länger. Erst im November, elf Monate nach der Operation, meldete sich Matthäus wieder spielfähig. Und der Trainer in München hieß Otto Rehhagel. Ausgerechnet jener Mann, der ihm auch eine WM mit 38 Jahren noch zugetraut hatte …

Ein schrottiger Flitzer

Seine Skandale: Von einem Blitzer und einem feschen Doppelgänger

Der Schrott-Mercedes anno 1983: In Herzogenaurach hatte er seinen neuen Schlitten gegen einen Telefonmast und gegen einen Zaun gesetzt.

Wenn zwei das gleiche tun, ist es noch lange nicht das selbe.

Das wird sich Lothar Matthäus oft genug gesagt haben in seiner langen Karriere. Denn sobald er mal von der Polizei erwischt wurde, wenn er es mal wieder zu eilig hatte, oder sonstwie daneben griff in seinem Leben, wurden aus einem Kavaliersdelikt gleich große Schlagzeilen.

Die erste schon 1983. Ein Unfall mit seinem nagelneuen, schneeweißen Mercedes 190 (Wert: 60 000 Mark), von AMG auch noch aufgemotzt, im heimatlichen Herzogenaurach. Nach einem 4:0 gegen den HSV hatte er den Sonntag zu einem Abstecher zu seinen Eltern genutzt. Sah sich mit seiner Frau Silvia erst ein Spiel seines Stamm-Vereins FC Herzogenaurach an, versackte danach mit Freunden im Vereinsheim. Gegen zehn fuhr er los. In einer Linkskurve etwa 500 Meter vor dem Haus seiner Eltern rutschte der Wagen plötzlich weg. Im Polizeibericht hieß es: »Das Auto krachte gegen einen Zaun, knickte einen etwa 20 cm dicken Telefonmast ab und kippte auf die Fahrerseite – Totalschaden.« Die Schlagzeile auf Seite 1 der BILD-Zeitung: »Matthäus raste gegen Mast – Fahrerflucht?«

Nach dem Unfall war Matthäus in einen 150 m entfernten Park geflüchtet, stand unter Schock. Unfallzeugen holten ihn ein, stellten ihn der herbei gerufenen Polizei. In der Uni-Klinik Erlangen erhielt Matthäus erst Beruhigungsspritzen, wurde mehrfach am Kopf geröntgt, dann das Blut untersucht. Die Staatsanwaltschaft Nürnberg ermittelte sogar wegen Unfallflucht. Die Blutwerte ergaben 2,06 Promille. 13 000 Mark Strafe und 8 Monate Führerschein-Entzug waren die Folge. Viel schlimmer aber: Der niegel-nagel-neue schneeweiße Mercedes hatte nur noch Schrottwert …

Nicht immer ging es so handfest zur Sache, nicht immer gab es Blech- oder Personenschaden. Im August 1998 schneite plötzlich ein Zwangsvollstreckungs-Verfahren des Kantons Wallis/Schweiz ins Haus. Und das nur, weil Matthäus vergessen hatte, die Grundsteuer für sein Haus in Lens (bei Crans Montana) zu bezahlen. Wegen lächerlicher 1357,50 Franken (rund 1600 Mark) strengte das Kanton die Klage an.

Fast ebenso lächerlich die Räumungsklage, die Matthäus im April 1996 zugestellt wurde. Absender war sein Vermieter Dr. Wolfgang Houdek (52), der Sohn des Fleisch-

Für schnelle Autos immer zu haben – und manchmal auch zu schnell: Matthäus vor seinem Mercedes-Cabrio (ganz links).

Brummte seinem Star 10 000-Mark-Geldstrafe auf: Bayern-Trainer Ottmar Hitzfeld mit Matthäus (links).

warenfabrikanten Rudolf Houdek. Houdek senior ist nicht nur mit Franz Beckenbauer persönlich befreundet, sondern seit jeher ein Gönner des FC Bayern und auch der Nationalmannschaft. Houdek junior aber beanspruchte das Haus am Starnberger See, 20 Zimmer groß und 6 Millionen Mark teuer, das Lothar mit Lolita und Sohn Loris bewohnte. Lolita war mit Loris zu dem Zeitpunkt längst ausgezogen, Lothar auf Wohnungssuche in München, als ihn die Klage erreichte. Matthäus: »Der Mietvertrag läuft bis Ende August. Ich bin im Recht, basta.« Ein fränkischer Dickschädel also, der hier mit einem bayrischen zusammen traf. Natürlich zog Matthäus später aus – auch ohne Anwalt und Klage.

Erwischt wurde Matthäus im Februar 1998 auf der Autobahn Innsbruck – Kufstein. Um 21.25 Uhr, so wurde es im Polizei-Protokoll festgehalten, auf der Rückfahrt von Kitzbühel, wo seine beiden Töchter Alisa und Viola leben. Fünf Kilometer vor der Grenze wird er mit 192 km/h geblitzt. Erlaubt sind gerade einmal 80 km/h. 112 km/h schneller als erlaubt – die freundlichen Polizisten ließen ihn nach Aufnahme aller Personalien trotzdem wieder laufen. Zwar war das ein Prominenten-Bonus, aber dafür stand's auch tags darauf in der Zeitung, weil die österreichischen Beamten sich mit ihrem prominenten Opfer gebrüstet hatten.

Aber nicht immer ist es Matthäus selbst, der erwischt wird.

Einmal war's ein Doppelgänger. 1994 wurde ein Kölner zu dreieinhalb Jahren Gefängnis verurteilt. Weil er nicht nur aussah wie Matthäus, sprach wie Matthäus, sondern sich auch als Matthäus ausgab. Der 27-Jährige Doppelgänger aus Düren nutzte sein Aussehen, um etliche Frauen zu betrügen. Immer mit der gleichen Masche. Ein Gläschen Sekt, ein heißer Flirt in der Disco und dann leichtes Spiel, weil ihn die Damenwelt für den Weltmeister hielt. Wenn die Damen aber dann morgens aufwachten, war nicht nur der falsche Lothar verschwunden, sondern mit ihm auch Geld, Schmuck, Autos. »Die Mädchen«, so Heinz M. vor Gericht, »fanden es toll, dass ich wie Lothar aussehe. Die sind mir auf der Straße hinterher gelaufen, wollten ein Autogramm.« Nur der Richter fand es weniger lustig

Der »Spiegel« veröffentlicht 1993 einen Streit zwischen Matthäus und einem 53-Jährigen Holländer auf dem Münchner Oktoberfest. Demnach soll Matthäus gesagt haben: »Ach, auch noch Holländer, das sind sowieso alles Arschlöcher, und du bist wohl vergessen worden von Adolf.« Matthäus, ein Ausländer-Hasser?

Passt irgendwie nicht zu einem, der mit einer Schweizerin verheiratet war und selbst vier Jahre lang in Italien lebte. Er selbst fühlte sich von dem Touristen mit der Filmkamera verfolgt, als er mit Lolita und Sohn Loris über das Oktoberfest bummelte. Und als er sich die Aufnahmen verbat, kam es zum Streit. »Dabei«, so Matthäus, »sind sicherlich auch weniger druckreife Worte gefallen.« Doch selbst die Amsterdamer Tageszeitung »De Volkskrant« bemerkte nur süffisant: »Bei dem Opfer muss es sich um einen der wenigen Touristen handeln, die auf dem alljährlichen Sauf- und Fressfest stocknüchtern blieben und den bayrischen Akzent von Matthäus deshalb perfekt verstehen konnten – schließlich wird die Schimpftirade im Wortlaut zitiert. Verdächtig ist im übrigen, dass Matthäus den Fremden geduzt haben soll: Selbst wenn Deutsche schimpfen, tun sie das in der Sie-Form.«

Aber Schlagzeilen gab's auch ganz anderer Art. 1993 wählte das Magazin »Wochenend« die erotischsten Prominenten. Bei den Frauen wurde es Top-Model Claudia Schiffer. Und bei den Männern? Ja, wirklich, sie haben Lothar Matthäus gewählt.

Erinnern Sie sich noch an »Babys Bester«? Ja, als Lothar aus Italien zu

Werbeaufnahmen für die Skifirma Salomon: Matthäus in Zürs am Arlberg.

Der Streit mit Uli Stein: Hier hat der Frankfurter Torwart das Nachsehen, Matthäus überwindet ihn per Elfmeter 1994.

den Bayern zurückkehrte, brachte er nicht nur seine neue Liebe und Frau Lolita mit, sondern nutzte auch alte Kontakte, um die erfolgreich in der Schweiz, Italien und Belgien arbeitende TV-Moderatorin im deutschen Fernsehen zu positionieren. Der Bayrische Rundfunk (BR) produzierte für die ARD die Unterhaltungs-Sendung »Babys Bester«, die im Vorabend-Programm ausgestrahlt wurde. Ein Konzept, das zum Scheitern verurteilt war. Lolita Morena musste als liebe Kindertante auftreten. Vor einer Jury aus 100 Frauen, ausgestattet mit rosa und hellblauen Puppen zum Abstimmen, kämpften zwei Väter um die Ehre, Babys Bester zu sein. Mussten dafür Tests bestehen wie Pfannkuchen backen oder erraten, wo ihr Kind die Spaghetti-Soße wohl zuerst hinkleckern würde. In der 2. Folge am 7. Mai trat Lothar sogar persönlich mit Sohn Loris auf, um so für die Sendung seiner Frau zu werben. Half alles nichts. Binnen kürzester Zeit wurde die Show abgesetzt.

Eine Geldstrafe gab's, als Ottmar Hitzfeld gerade in München angefangen hatte und sich Respekt zu verschaffen versuchte. Nicht die »Kleinen«, sondern die Stars bat er zur Kasse. Erst Basler, dann Elber, dann Matthäus und Effenberg. Lothar brummte er gleich 10 000 Mark auf, weil der sich zwar verletzt abgemeldet hatte, aber diese Verletzungspause zu einem Werbetermin auf dem Gletscher in Sölden genutzt hatte. Dabei waren es nur Fotoaufnahmen für die Skifirma Salomon – und Matthäus war noch nicht einmal Ski gelaufen.

Der Zoff mit Stein, Toni Schumacher und Otto Rehhagel

Lausbübisch frech ist er gewesen. Hat nie ein Blatt vor den Mund genommen und sich schon gar nichts sagen lassen.
Mit dieser geraden Art hat sich Lothar nicht nur Freunde gemacht. Und ist oft genug mit Berufskollegen zusammen gerasselt.
Wie 1985 mit Toni Schumacher, damals die Nummer 1 im deutschen Tor und ungekrönter König des 1. FC Köln. Jungfuchs Matthäus, gerade zu den Bayern gewechselt, besaß die Dreistigkeit, Schumacher mit einem wunderbaren Bogenschuss zu überlisten. Ein Tor mit Vorgeschichte. »Matthäus, du bist notiert«, soll Schumacher zuvor gesagt haben, und an die Adresse von FC-Verteidiger Hönerbach gerichtet: »Hau den Matthäus um.« Schumacher war so verärgert, weil er sich bei einem Zusammenprall mit Matthäus und Gielchen am linken Oberarm verletzt hatte und Stollen-Striemen zu sehen waren, für die er Matthäus verantwortlich machte. Die Antwort gab Matthäus mit einem wunderbaren Tor.
Auch mit Uli Stein gab's mal Zoff … 1993 war das, Stein stand im Tor der Frankfurter Eintracht, und Matthäus hatte sich aus seinem Formtief nach seinem Kreuzbandriss gerade heraus gekämpft. Da hatte Uli Stein getönt: »Der Matthäus, der redet doch sowieso nur Blabla.« Matthäus legte los. Ansatzlos feuerte er einen Schuß ab, der wie ein Blitz zum 1:0 einschlug. Auch hier fand die gnadenlose Abrechnung auf dem Platz statt. Und Stein? Er stellte sich hin und lästerte weiter: »Wie die Kirsche zum 1:0 fiel, ist natürlich gut für ihn. Aber den Lothar«, so Stein in einem Journalisten-Pulk, »werdet ihr gleich nicht mehr sehen. Dann machen die Handschellen klick und Lolita führt ihn ab.«
Auch mit Otto Rehhagel gab's mal richtig Ärger. Das war 1994, als Lothar behauptete: »Der Jorginho hat mir erzählt, dass der Otto laufend reingebrüllt hat: Poliert dem Jorginho die Knochen, haut dem Matthäus die Beine weg.« Bremen überlegte sogar, Matthäus wegen Beleidigung zu verklagen.
Auch mit Klaus Augenthaler gab es handfesten Krach. Es war ein Jahr vor der WM 1990, als Bayern (mit Auge) auf Inter (mit Matthäus) im Europapokal traf. Da lästerte Bayern-Kapitän Augenthaler: »Der spielt dort wie in München. Wenn's drauf ankommt, ist er nicht zu sehen.« Im direkten Duell auf dem Spielfeld (Bayern verlor in München 0:2, siegte aber in Mailand 3:1) fühlte sich Augenthaler dann absichtlich attackiert. Zeigte auf das lädierte linke Knie nach einem Tritt von Matthäus und unterstellte: »Das war pure Absicht.« Als Augenthaler dann kurz vor der WM vor seinem Comeback in der Nationalmannschaft stand, machte sich dort ausgerechnet Kapitän Matthäus für dessen Rückkehr stark: »Die Besten müssen spielen. Alte Reibereien spielen da keine Rolle.« Zusammen wurden sie 1990 Weltmeister.
Das Emotionsgeschäft Fußball – der Sieger hieß meistens Matthäus auf dem Platz.

Der irre Vertrag mit Inter

Für drei Jahre Fußball in Italien 7,3 Millionen Mark

Lothar Matthäus, der Star von Inter Mailand: Die Augen sind auf den Ball gerichtet, der rechte Fuß schwingt voll durch. Matthäus beim Torschuss.

Lothar Matthäus, der Super-Star.
Im Zeitalter, wo Profis Vereine wechseln wie andere die Hemden, ist Matthäus eine treue Seele: Gladbach, Bayern, Inter – bis zu seinem USA-Abenteuer waren es nur drei Vereine. Und wenn wir uns später an seine Karriere erinnern, dann werden wir den Namen Matthäus immer mit dem FC Bayern München in Zusammenhang bringen. Zwölf Jahre lang hat er für den deutschen Rekord-Meister die Knochen hingehalten.
Angebote hat es immer gegeben. Besonders attraktiv 1991 die Offerte von Real Madrid. Sein damaliger Manager Norbert Pflippen: »Real – das wäre die Krönung gewesen.« Trotz intensiver Verhandlungen verweigerte Inter damals die Freigabe. Auch Sparta Prag war »heiß«. 1997, nach der Veröffentlichung seines Tagebuches, lockten die Tschechen mit einer Super-Offerte: Training in München, zu den Spielen jeweils im Flugzeug. Für einen da schon 36-Jährigen eine echte Alternative.
Aber das Land, wo auch für Matthäus Milch und Honig floß, hieß Italien. SPORT-BILD veröffentlichte im September 1989 Auszüge aus dem Wahnsinns-Vertrag mit Inter. Und zeigte damit auch, wie solche Super-Stars von europäischen Top-Vereinen bezahlt werden.
Die Gesamtsumme vorweg: Für die Zeit vom 1. Juli 1988 bis zum 30. Juni 1991 (so lange lief sein erster Vertrag) kassierte Matthäus 7,3 Millionen Mark netto. Jeden Tag 6684,93 Mark.
Ein kompliziertes Vertragswerk mit drei Beteiligten: Inter Mailand als Arbeitgeber, Lothar Matthäus als Arbeitnehmer und eine Firma na-

Der Vertrag zwischen Lothar Matthäus und der Firma Telemundi in Monte Carlo: Hier stehen die Millionen-Summen schwarz auf weiß, die Matthäus in Italien verdiente (rechts).

Der Mann, der den Italien-Transfer einfädelte: Norbert Pflippen, Manager aus Mönchengladbach (links).

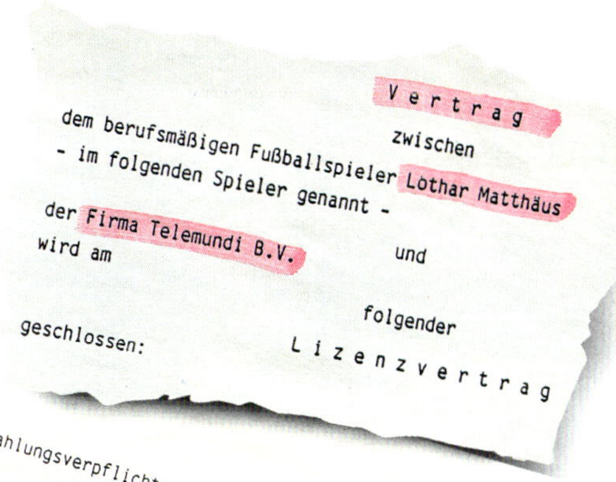

V e r t r a g

zwischen

dem berufsmäßigen Fußballspieler Lothar Matthäus

- im folgenden Spieler genannt -

und

der Firma Telemundi B.V.

wird am

folgender

L i z e n z v e r t r a g

geschlossen:

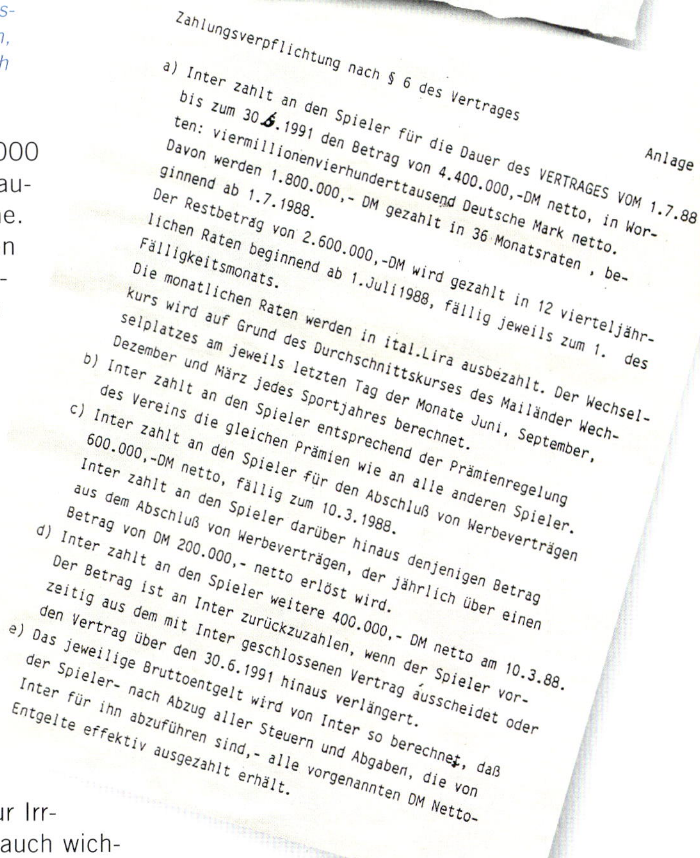

Anlage

Zahlungsverpflichtung nach § 6 des Vertrages

a) Inter zahlt an den Spieler für die Dauer des VERTRAGES VOM 1.7.88 bis zum 30.6.1991 den Betrag von 4.400.000,-DM netto, in Worten: viermillionenvierhunderttausend Deutsche Mark netto.
Davon werden 1.800.000,- DM gezahlt in 36 Monatsraten , beginnend ab 1.7.1988.
Der Restbetrag von 2.600.000,-DM wird gezahlt in 12 vierteljährlichen Raten beginnend ab 1.Juli1988, fällig jeweils zum 1. des Fälligkeitsmonats.
Die monatlichen Raten werden in ital.Lira ausbezahlt. Der Wechselkurs wird auf Grund des Durchschnittskurses des Mailänder Wechselplatzes am jeweils letzten Tag der Monate Juni, September, Dezember und März jedes Sportjahres berechnet.

b) Inter zahlt an den Spieler entsprechend der Prämienregelung des Vereins die gleichen Prämien wie an alle anderen Spieler.

c) Inter zahlt an den Spieler für den Abschluß von Werbeverträgen 600.000,-DM netto, fällig zum 10.3.1988.
Inter zahlt an den Spieler darüber hinaus denjenigen Betrag aus dem Abschluß von Werbeverträgen, der jährlich über einen Betrag von DM 200.000,- netto erlöst wird.

d) Inter zahlt an den Spieler weitere 400.000,- DM netto am 10.3.88.
Der Betrag ist an Inter zurückzuzahlen, wenn der Spieler vorzeitig aus dem mit Inter geschlossenen Vertrag ausscheidet oder den Vertrag über den 30.6.1991 hinaus verlängert.

e) Das jeweilige Bruttoentgelt wird von Inter so berechnet, daß der Spieler- nach Abzug aller Steuern und Abgaben, die von Inter für ihn abzuführen sind,- alle vorgenannten DM Netto-Entgelte effektiv ausgezahlt erhält.

mens »Telemundi« mit Sitz in Monte Carlo als Zwischenhändler.
Als Grundgehalt wurden 4,4 Millionen Mark netto vereinbart. Das entspricht einem Monatsgehalt von 122 000 Mark – netto. Denn die Steuer, die auch in Italien bis zu 60 Prozent beträgt, musste Inter zahlen. Dazu kam ein Handgeld. 400 000 Mark netto bekam Matthäus allein dafür, dass er sein begehrtes Autogramm unter diesen 3-Jahres-Vertrag setzte. Eine übliche Praxis in einer Zeit, wo sich die Topklubs gegenseitig überbieten, um die wenigen Ausnahmespieler bei sich unter Vertrag zu nehmen. Und im Gegensatz zu Deutschland rechnen die italienischen Fans Leistung nicht gegen Lira auf, sondern sind stolz, dass sich ihr Verein einen solchen Superstar leisten kann.
Doch die Einnahme-Möglichkeiten waren damit noch nicht erschöpft. Dazu kamen die üblichen Prämien. 8000 Mark zahlte Inter damals für einen Sieg in der Serie A, 200 000 Mark gab's alleine für die Meisterschaft. Auf rund 700 000 Mark Prämien kam jeder Spieler von Inter in einer erfolgreichen Saison. Denn auch für Erfolge im Pokal und Europacup wurde natürlich extra gezahlt – und immer großzügig.
Nun kommt der Zusatzvertrag mit »Telemundi« ins Spiel. Einer Werbeagentur, die in der Steueroase Monaco ihren Firmensitz hat und mit diversen Inter-Stars ihre Geschäfte abwickelte. Allein dafür, dass sie die Werbegeschäfte von Matthäus abwickelte, zahlte Inter dieser Firma zwischen 315 000 und 460 000 Mark – ein gutes Geschäft. Auch für Matthäus. Denn dieser Werbevertrag beinhaltete weitere Netto-Einnahmen: 200 000 Mark pro Saison als pauschale Abschlagsumme. Sollten die tatsächlichen Werbeeinnahmen von Inter mit Matthäus diese Summe überschreiten, würde Matthäus auch den Mehrerlös netto einstreichen können.
Ein gigantisches Vertragswerk, über das Uli Hoeneß schon damals nur kopfschüttelnd urteilen konnte: »Das sind Zahlen, die in Deutschland utopisch sind.«
Aber dieser Wahnsinns-Vertrag beinhaltete nicht nur Irrsinns-Gehälter, sondern auch wichtige sportliche Klauseln. So ließ sich Matthäus schon damals die Freistellung für jedes Länderspiel zusichern, ging somit auch heute noch üblichem Ärger mit dem DFB, dem italienischen Verband oder sogar der FIFA aus dem Weg.
Wichtig auch: In Paragraph 9, Absatz 1, ließ Matthäus auch seine Einsatzberechtigung regeln. Da heißt es: »Inter verpflichtet sich, nur diejenige Anzahl von ausländischen Spielern zu engagieren, die nach den Vorschriften der F. I. G. C. auch tatsächlich spielberechtigt sind.« Als Matthäus 1988 wechselte, durften in Italien nur zwei Ausländer spielen. Ein Jahr später waren es drei – nach Matthäus und Brehme kam Klinsmann. Es war lange, bevor der Belgier Jean-Marc Bosman ein Urteil erzwang, nach dem EU-Ausländer die freie Auswahl des Arbeitsplatzes innerhalb Europas genießen konnten.
7,3 Millionen Netto-Gehalt – kein Wunder, warum es rund um die WM 1990 alle deutschen Top-Spieler in die italienische Liga drängte. Erst Völler und Berthold, dann Matthäus, Brehme, Klinsmann, später Kohler, Möller, Häßler, Reuter, Riedle, Doll, 1992 noch Matthias Sammer.
Geradezu bescheiden klingen dagegen Lothars Einkünfte in New York: 1,5 Millionen Dollar pro Saison, diesmal auch noch brutto. Aber jetzt wissen wir auch, warum Matthäus stets betonte: »Es geht mir nicht ums Geld. Es geht mir ausschließlich um meine menschliche Entwicklung, ein neues Land, eine neue Kultur, eine neue Sprache.« Geld, das hat er in 20 Profijahren genug verdient.

Der Auftritt von Annie Leibovitz

Das Foto, das ihn zum »privaten Macho« machte

Das erste Werbefoto, das Lothar Matthäus ganz anders zeigte. SPORT-BILD titelte sogar vom Macho.

Annie Leibovitz ist berühmt geworden durch eine Foto mit John Lennon. Kurz vor dem Tod des Ex-Beatle lichtete sie den Engländer zusammen mit seiner Frau Yoko Ono im Bett ab. Ein Foto, das für Aufsehen sorgte.

Als »American Express«, das Kreditkarten-Unternehmen, eine neue Werbekampagne startete, erinnerten sie sich an Anne Leibovitz. Die Fotografin mit der Fähigkeit, Menschen ganz anders darzustellen, sollte berühmte Persönlichkeiten von ihrer ganz anderen Seite zeigen. Klaus von Dohnany zum Beispiel in einem Hörsaal. Und Lothar Matthäus als »privaten Macho«.

Es war nach der WM 1990, als sich die Anfragen von potentiellen Werbeträgern bei Manager Norbert Pflippen stapelten. Der Mönchengladbacher erinnert sich: »Wir haben lange gewartet. Erst sondiert, welche Anfragen es gibt. Denn mir war nicht das schnelle Geld wichtig, sondern eine Werbung, die den neuen Matthäus ins rechte Licht rückt. Als Typ, der eines Weltmeisters und Kapitäns der deutschen Nationalmannschaft entspricht.«

Finanziell war das »Amex«-Angebot keineswegs attraktiv. Und doch die Entscheidung richtig, Matthäus mit diesen Fotos für den Werbemarkt attraktiv zu machen. Millionen-Verträge mit Mercedes-Benz, PUMA, Panasonic und »Energizer« folgten in den nächsten Jahren. Auch als Folge wieder Werbekampagne für eine Kreditkarte.

Doch zurück zu Annie Leibovitz. Bis so eine Werbeaufnahme im Kasten ist, werden nicht nur 2500 Aufnahmen verknipst. Zuerst geht es um das Motiv. Lothar hat es mal so erzählt: »Annie Leibovitz hat in einem zweistündigen Gespräch herauszufinden versucht, welcher Typ in meinem Innersten steckt, in welcher Kleidung und mit welchem Sportgerät ich am fotogensten sei. Ich schlug vor, mit einem Mountain-Bike durch einen einsamen Wald zu fahren. Das lehnte sie mit der Be-

Der neueste Werbespot, der auch im TV läuft: Lothar wirbt für Dany plus Sahne (ganz links).

Ständiger Werbeträger der Nationalelf, hier mit Littbarski, Brehme und Egidius Braun bei der WM 1990 für „Visa" (links).

Werbeträger für Energizer: Powermann Matthäus wirbt für einen vollen Akku (unten).

gründung ab, das habe mit dem harten, männlichen Fußball zu wenig zu tun. Und sagte: Du bist ein privater Macho.«

Gesagt, beschlossen. Die fotografische Umsetzung: Klamotten aus den 20er Jahren. Eine entsprechend passende Location. Ihr Team düste durch ganz Bayern, wurde schließlich in der Altstadt von Erding, nordöstlich von München gelegen, fündig. Kopfsteinpflaster, eine alte Holztür mit verwittertem Profil, ein Hauseingang aus der Jahrhundertwende.

Der Tag begann um 8 Uhr, »weil da das Licht am wärmsten ist«. Das Leibovitz-Team rückte mit zwölf Personen an. Beleuchter, Maskenbildner, Leibwächter – alles war aufgeboten. Der Leibwächter hatte nur die eine Aufgabe, Passanten oder Hobby-Fotografen die Kameras abzunehmen. Oberste Geheimhaltungs-Stufe war angesagt. Sogar die Polizei wurde eingeschaltet, um die Straße abzusperren.

Dann begann die Arbeit: Lothar wurde auf »Macho« getrimmt. Gatsby-Hosen, ärmelloses Unterhemd, Hosenträger, abgewetzte Straßenschuhe, dazu ein alter, brauner Lederball, wie sie damals üblich waren. An die kleinste Kleinigkeit war gedacht worden.

Matthäus: »Nach einer halben Stunde dachte ich, dass alles erledigt ist.« Denkste. Nach den ersten Aufnahmen die erste Pause. Rein in den Wohnwagen, ab zur Maskenbildnerin, wieder Gel ins Haar, schnell noch ein bisschen Puder auf die Nase, ein Schluck Kaffee und zurück zur Holztür. Erneut Aufnahmen, kurze Pause, Nachschminken, wieder Aufnahmen. 9 Stunden lang ging das so, erst um 17 Uhr wurde der Fotokoffer eingepackt, waren 2500 Aufnahmen im Kasten. Und das alles für das eine Bild, das nachher in ganzseitigen Anzeigen den neuen Matthäus zeigte, den privaten Macho.

Schon einen Monat später war der neue Matthäus im »Stern« zu sehen, in der »FAZ«, im »Spiegel«, im »Playboy«. Aus der Anzeige sprangen die tiefbraunen Augen hervor, das sonnen gegärbte Gesicht, ein Typ, wie wir ihn bisher noch nicht kannten. Denn die Darstellung von Fußballern außerhalb des Fußballrechtecks war auch Anfang der 90er Jahre noch nicht üblich.

Bis dahin hatte sich die werbetreibende Industrie kaum an Sportler heran gewagt. Noch vier Jahre zuvor hatte mit Kalle Rummenigge nur ein Spieler einen Werbevertrag. »Kodak« erlaubte sich, einen spielenden Rummenigge auf seinen Filmhüllen abzubilden. Aber eine Werbekampagne wie sie »Amex« mit Matthäus wagte, hatte es bis dahin nicht gegeben.

Das Motiv war auch deshalb so passend, weil es den typischen Italiener zeigte. Matthäus, damals bei Inter Mailand unter Vertrag, war zudem in Italien Weltmeister geworden.

Für Matthäus war diese Kampagne der Einstieg in die Werbung, obwohl er zuvor schon kleinere Verträge zum Beispiel für »Ferrero« unterschrieben hatte. Und die »Amex«-Kampagne bot auch für viele andere Sportler die Möglichkeit einer anderen Darstellungsweise. Franz Beckenbauer für »E-Plus«, Boris Becker für »aol« oder Oliver Bierhoff für »Investment-Fonds« – der Bekanntheitsgrad von Sportlern wird heute für jeden Lebensbereich genutzt.

Wofür kann er am besten werben?

Als die ISPR, die Sport-Werbeagentur der Welt-Medienfirmen Kirch und Springer, per 1. Januar 1999 Matthäus unter Vertrag nahm, um die Weichen für seine Zeit nach dem Fußball zu stellen, gab sie eine Umfrage in Auftrag. Die Frage: Für welche Produkte kann Matthäus am besten werben?

Die Antworten:

Sportausrüster	85 %
Herren-Bekleidung	68 %
Automobile	65 %
Erfrischungsgetränke	60 %
Herren-Kosmetik	55 %
Uhren	50 %
Kreditkarten	46 %
Brauerei	40 %
Fluggesellschaft	40 %
Telekommunikation	38 %
Unterhaltungselektronik	34 %
Bank/Finanzdienstleister	32 %
Computer	22 %
Baumärkte	22 %
Süßwaren	20 %
Lebensmittel	19 %
Pharmaunternehmen	18 %

Es gibt fast nichts, für das der Name Matthäus nicht steht.

Willkommen im Klub der All Stars von PREMIERE WORLD

Lothar in seinem Job der Zukunft, am Mikrofon von PREMIERE WORLD. Neben ihm Kommentator Fritz von Thurn und Taxis.

»Der Typ reißt mit«

Von MARCEL REIF, Kommentator PREMIERE WORLD

Wenn für irgendeinen Spieler das Wort Dynamik zutrifft, dann für Lothar Matthäus. Immer wenn er an den Ball kam, dann wußte ich, jetzt passiert etwas. Und das meine ich positiv. Er konnte mit seiner Dynamik eine ganze Mannschaft mitreißen. Das Tor gegen Jugoslawien bei der WM 1990 beschreibt seine ganze Art Fußball zu spielen. Und er war immer ein Profi im Umgang mit Leuten und auch mit Kritik.
Der Wechsel nach New York war nicht die Entscheidung des Fußballspielers Matthäus. Es war die Entscheidung eines Menschen, der einen neuen Lebensabschnitt beschreitet. Ich halte das für ein Zeichen von Erwachsenenwerden.
Ich freue mich, dass Lothar Matthäus gemeinsam mit Franz Beckenbauer, Rudi Völler und anderen großen Sportlerpersönlichkeiten im PREMIERE WORLD All Star-Team dabei ist.
Als ich selbst noch aktiver Fußballer war, hätte ich es mir immer gewünscht, in einem so hochkarätigen Team mitzuspielen.

Sie trugen 376mal das Trikot ihrer Nationalmannschaften, waren fünfmal Weltmeister, dreimal Europameister, fuhren 74 Formel-I-Rennen und griffen dreimal nach der Schwergewichtskrone im Boxen. Sie sind oder waren immer unter den Besten ihrer Sportart. Wer diesen Superlativen gerecht wird? Die All Stars von PREMIERE WORLD.

Hinter dieser Bezeichnung verbergen sich große Namen des Sports. Franz Beckenbauer, Hans-Joachim Stuck, Axel Schulz, Rudi Völler, Bernd Schuster, Tony Woodcock und Paulo Sergio. Sie alle stehen regelmäßig für PREMIERE WORLD vor der Kamera oder sitzen hinter dem Mikrofon. Die All Stars sind allesamt herausragende Sportlerpersönlichkeiten und Botschafter ihrer Sportart. Sie sind Spezialisten, die sich auskennen und wissen, über was sie reden.

Willkommen im Klub, Lothar Matthäus!

Und so wurde er empfangen:

Hans-Joachim Stuck: »Lothar ist eine sympathische Zeiterscheinung. Er ist immer der geblieben, der er ist. Er

Das sind die All Stars:

Lothar Matthäus:
Weltmeister 1990. 4-facher Deutscher Meister und zweimal Weltfußballer. Seit seinem 144. Länderspiel hält er den Weltrekord. Mit seiner Entscheidung, in den USA Fußball zu spielen, ist Matthäus der PREMIERE WORLD All Star für die amerikanische Major League Soccer.

Franz Beckenbauer:
Der »Kaiser« ist eine der bekanntesten Sportpersönlichkeiten und war einer der besten Spieler der Welt. Er wurde sowohl als Spieler (1974) als auch als Trainer (1990) Weltmeister. Heute ist er Bayern-Präsident, DFB-Vize, Chef der deutschen WM-Bewerbung für 2006.

Hans-Joachim »Strietzel« Stuck:
Seit über 30 Jahren aktiver Motorsportler, darunter 74 Formel 1-Rennen, einen Sieg beim 24-Stunden-Rennen am Nürburgring. Er ist ein »alter Hase« im Motorsport und Formel 1-Experte.

Axel Schulz.
Der 31-Jährige kam in 31 Kämpfen als Box-Profi auf 26 Siege. Seit seinem Kampf gegen George Foreman ist der Brandenburger ein Sympathieträger des Boxens. Nach seinem Rücktritt vom aktiven Boxsport ist Axel Schulz ein gefragter Experte zum Thema Boxen.

Rudi Völler:
Der Weltmeister von 1990 war schon während seiner aktiven Zeit eine Kultfigur. Jetzt ist der 90-fache Nationalspieler Sportdirektor bei Bayer Leverkusen. Durch seine fünf Jahre in Italien beim AS Rom und zwei Jahre beim französischen Spitzenklub Olympique Marseille kennt er die internationale Fußballszene und ist wie geschaffen, um als All Star für PREMIERE WORLD zu wirken.

Bernd Schuster:
Spanien ist seine zweite Heimat, feierte Erfolge mit Barcelona, Real und Atletico Madrid, ist damit wohl einer der besten Kenner der spanischen Primera Division und als Europameister 1980 und 21-facher Nationalspieler ein absoluter Experte.

Tony Woodcock:
Er war nach Kevin Keegan der zweite Engländer, der sich in der Fußball-Bundesliga behauptete, für den 1. FC Köln fünf Jahre stürmte. Der 42fache englische Nationalspieler ist Spezialist für den Fußball von der Insel.

Paulo Sergio:
Neben Lothar Matthäus ist der Brasilianer der zweite Aktive im All Star-Team. Der 30jährige Bayern-Star ist für PREMIERE WORLD der Brasilien- und Italien-Experte, stürmte zwei Jahre lang für den AS Rom.

hat auf lange Distanz, allen Verletzungen zum Trotz, außergewöhnliche Leistungen gezeigt. Auch nach seinem Wechsel in die USA. Das zeigt, welch tolle Einstellung er zu seinem Beruf hat.«

Axel Schulz: »Lothar Matthäus ist nicht nur ein ganz großer Sportler, sondern auch eine beeindruckende Persönlichkeit. Erst jetzt erkennt man, wie wichtig er war und für die Nationalmannschaft auch weiterhin ist.«

Rudi Völler: »Lothar und ich haben schon Anfang der 70er Jahre gemeinsam in der U 21 gespielt. Aber der Höhepunkt war natürlich die WM 1990. Wir waren vielleicht nicht immer einer Meinung, hatten aber immer ein sehr gutes Verhältnis. Er ist für mich ein Phänomen. Kein anderer Spieler der Welt hat solch eine Dynamik in das Fußballspiel hineingebracht.«

Bernd Schuster: »Der Lothar hat aus seinen Eigenschaften das Maximale herausgeholt und ist dadurch zu einem Spitzenfußballer geworden. Seine Disziplin und seine Mentalität haben entscheidend dazu beigetragen, dass er ein so großer Sportler geworden ist.«

»Auch bei uns ist er Kapitän«

Von CARSTEN SCHMIDT, Sportchef PREMIERE WORLD

Wichtig ist auf dem Platz. Wichtig ist aber auch neben dem Platz. Fest steht, dass Lothar Matthäus eine der bedeutendsten, wenn nicht gar die bedeutendste aktuelle Figur des deutschen Fußballs ist. Lothar ist nicht nur ein exzellenter Fußballer, er ist eine außergewöhnliche Persönlichkeit auch außerhalb des Fußballs. Und vor allem: Lothar Matthäus ist Lothar Matthäus. Einer, der sich nicht verstellt, sondern Grundsätze hat und diese auch verfolgt.
Die Bezeichnung All Star, die in seiner jetzigen sportlichen Heimat, den Vereinigten Staaten, zu den höchsten Auszeichnungen des Profi-Sports gehört, hat er wie kaum ein anderer verdient. Was mir immer schon an ihm imponiert hat, ist seine Bereitschaft, das, was er tut, 100prozentig zu tun. Das war schon bei seinem Wachhund-Einsatz bei der WM 86, als er den Weltstar Diego Maradona an die Kette zu legen hatte, zu spüren. Seine jetzige Rolle als sportlicher Botschafter in der Major League Soccer ist ähnlich zu interpretieren. Trotz aller Widrigkeiten, Dementi und Missverständnisse im Umfeld des Wechsels vom Weltklub Bayern München in die Meadowlands von New Jersey – Lothar Matthäus macht auf der anderen Seite des Teiches das, was er macht, richtig und ohne Kompromisse!
Er ist viel mehr als unser Experte aus New York in Sachen Fußball. Wenn Franz Beckenbauer so etwas wie der Teamchef unseres All Star-Teams ist, dann ist Lothar der Kapitän. Ich wünsche ihm, seinen Weg weiterhin so unverwechselbar geht. Auf seine Meinungsfreudigkeit und Kompetenz als PREMIERE WORLD All Star freue ich mich!

Lothar Matthäus und Maren Müller-Wohlfahrt: Ob im schicken Trachten-Look, in Abendrobe oder im sportlichen Out-Fit – das neue Traumpaar der deutschen Yellow Press ist in jedem Dress »in«. Hier vergnügen sie sich auf dem Münchner Oktoberfest.

Das private Fotoalbum

Sattelberg & Co.
Inh. Franz Stetter
seit 1897
Tel. 201 45 72
Sheila Coombes II
NOBILIS
16/16

Gelernt ist gelernt. Lothar, der Dekorateur. Bei »Möbel Fischer« in Herzogenaurach lernte er von der Pike auf den Beruf des Raumausstatters. Kennt sich auch im Beruf des Sattlers aus.

Lothar, der Meisterspieler. Das fing schon in der Jugend an. 1977/78 feierte der FC Herzogenaurach den Aufstieg in die Bayernliga. Lothar ist der 2. von links in der oberen Reihe.

Lothar mit 7. Ein Frechdachs, der nichts als Fußball im Kopf hat.

Lothar als Teenager mit langen Haaren und längsgestreiftem Hemd.

Lothar zu Hause in Herzogenaurach – selten, bei dem Terminstress. Aber dann bügelt Mama auch das Nationaltrikot, auch wenn es (noch) von der U 21 ist.

Eine neue Liebe: Lothar hat Rosi dem Augsburger Fußballer Jürgen Haller ausgespannt, dem Sohn von Nationalspieler Helmut Haller. Gemeinsam genießen sie eine Kutschfahrt (links).

Sie halten Händchen, gehen spazieren: Lothar und Rosi (oben).

Alleine in Gladbach: Lothar vertreibt sich die Zeit beim Lesen, denkt über seine Frauen nach…

Nein, es soll doch Silvia sein. Er kehrt zurück zu seiner Sandkastenliebe, streift mit Silvia durch die Felder am Niederrhein.

Herzlichen Glückwunsch zum Geburtstag: Silvia schenkt ihrem Lothar eine Torte (unten von links nach rechts).

Geheiratet wurde in Herzogenaurach: Am 10. Juli 1981 gaben sich Lothar und Silvia das Ja-Wort (oben).

Das neue, glückliche Paar: Fotogen platzieren sich Lothar und seine junge Frau auf einer Mauer, nehmen sich zärtlich in den Arm.

Lothar hat Fernweh, fühlt sich alleine. Er ist in Südamerika, die weiteste Reise der noch jungen Karriere (großes Foto).

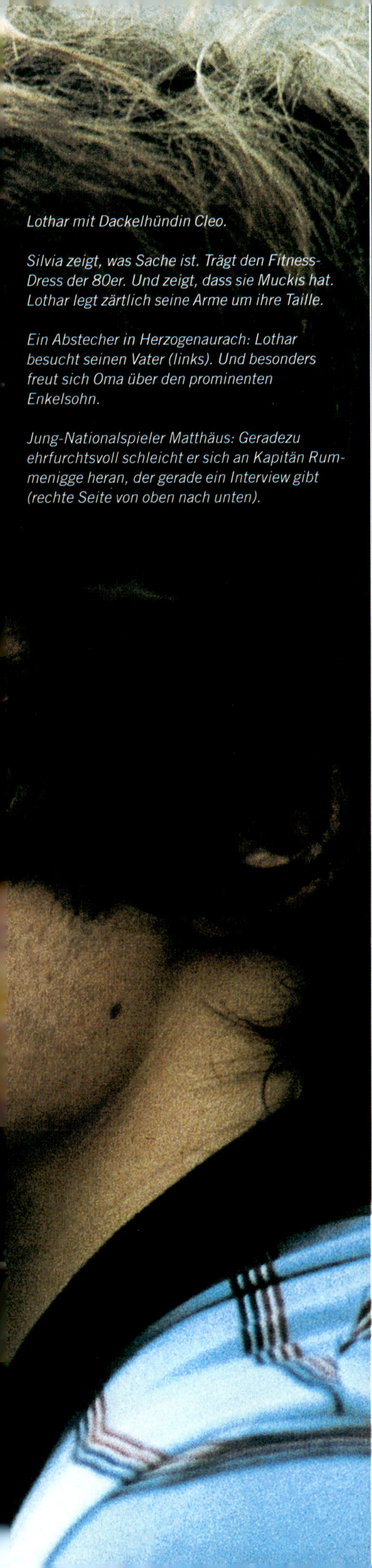

Lothar mit Dackelhündin Cleo.

Silvia zeigt, was Sache ist. Trägt den Fitness-Dress der 80er. Und zeigt, dass sie Muckis hat. Lothar legt zärtlich seine Arme um ihre Taille.

Ein Abstecher in Herzogenaurach: Lothar besucht seinen Vater (links). Und besonders freut sich Oma über den prominenten Enkelsohn.

Jung-Nationalspieler Matthäus: Geradezu ehrfurchtsvoll schleicht er sich an Kapitän Rummenigge heran, der gerade ein Interview gibt (rechte Seite von oben nach unten).

Alles ist fein sortiert an seinem Arbeitsplatz im Wohnzimmer: Die Ordner stehen ordentlich aufgereiht, Rechnungen und Belege werden ordentlich abgeheftet. Hier herrscht Ordnung.

Zeit zum Feiern bleibt auch: Lothar holt mit Bayern drei Meistertitel. Und bei den Feten sind Trachten angesagt. Lothar mit Silvia, Michael Rummenigge mit seiner Carolin.
Fesch, oder? Lothar trägt den Seppelhut. Steht ihm doch... (rechte Seite)

Lothar, der stolze Vater: Am 31. Januar 1986 wird Alisa geboren. Zärtlich drückt er seiner Tochter einen Kuss auf die kleinen Lippen (oben).

Silvia trägt Alisa in die Kirche. Der Pfarrer erwartet das Neugeborene. Im Hintergrund Norbert Pflippen, der Matthäus-Manager und Taufpate (rechts oben).

Die Tauf-Zeremonie: Silvia hält Alisa im Arm, Lothar trägt die Taufkerze (rechts unten).

Idylle im Haus in München-Solln: Beide liegen auf Knien vor ihrer Tochter, die sichtlich ihren Spaß hat (großes Foto).

So lässt es sich leben: Lothar und Silvia flegeln in der Sonne, lassen es sich bei einem Sangria gut gehen.

Was sich liebt, das neckt sich: Silvia legt den Arm um ihren Lothar. Beide sind knakkig braun gebrannt, genießen Sonne, Sand und mehr…

Ein Kuss von rechts, ein Kuss von links: Alisa wird von beiden Seiten verwöhnt.

Man trifft sich halt… Matthäus und Maradona, der seine Freundin wie eine Beute in seinem Arm hält (rechts von oben nach unten).

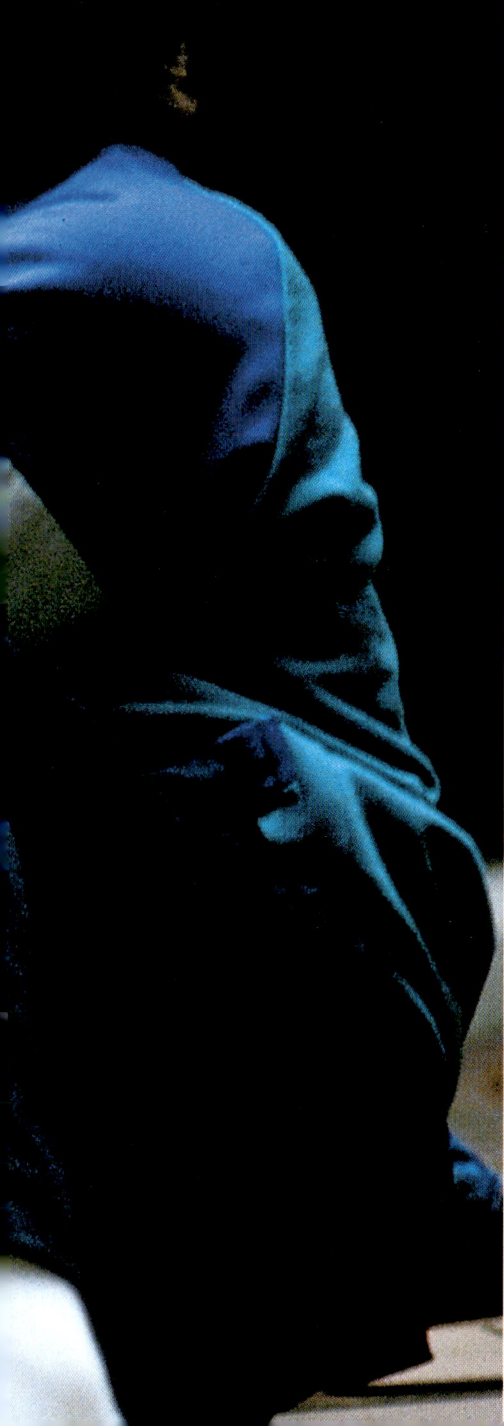

Da genießt auch der Hausherr jede freie Minute. Und sei es, in der Mittagspause kurz die rosa-farbene Zeitung zu lesen, die »Gazzetto dello Sport«.

Tochter Nummer 2: Viola wurde 1988 geboren, ist hier gerade zwei Jahre alt.

Die Familie Matthäus im Jahr 1990: Lothar, Viola, Silvia und Alisa. Nur wenige Kilometer von ihrer Haustür entfernt findet die Weltmeisterschaft statt. Das Quartier der deutschen Mannschaft liegt gerade zehn Kilometer entfernt.

Traumhaft, die Villa in Carimate, nördlich von Mailand und südlich vom Comer See gelegen. In dem riesigen Grundstück und dem traumhaften Garten fühlen sich auch Alisa und Viola pudelwohl. Zumal, wenn Papa mit so einem tollen offenen Schlitten vorfährt (großes Foto).

Ein Empfang jagt den nächsten: Lothar trägt Fliege, auch Silvia ist aufgestylt. Das Los eines Weltmeisters... (oben)

Welt-Fußballer und Welt-Sportler – die höchsten Auszeichnungen, die ein Fußballer erhalten kann. 1990 wird dieser Traum für Matthäus wahr (links).

Ehrung in Bonn: Kapitän Matthäus eilt strammen Schrittes nach vorne, wird sogar von der Regierung ausgezeichnet. Er erhält das Silberne Lorbeerblatt (rechts).

Viola streckt die Zunge heraus, auch Alisa schaut eher ängstlich: Zu viel Rummel um den Vater? (unten)

Die Distanz wird größer: Lothar vor dem Schloss in Erba, wo die deutsche Mannschaft campierte. Der Gendarm passt auf, dass nichts passiert (rechts).

Silvia allein mit ihren beiden Töchtern: Viola sitzt auf dem Arm, Alisa hat sich davor postiert (unten).

Der neue Lothar zeigt uns die Faust, gibt sich kämpferisch.

Lothar und seine neue Lebenspartnerin: Mit Lolita sieht er sich den neuen Film von Richard Chamberlain an – und trägt plötzlich eine gescheitelte Frisur (oben).

Ein Küsschen in Ehren, kann niemand verwehren: Zwei frisch Verliebte (darunter).

Erst für die Amex-Werbung, dann das »Double« mit Lolita: Beide mit freien Waden, Lederhosen und Trachten-Janker vor idyllischer Holzkulisse (oben rechts).

Zurück in München grüßt er im Oldtimer: Werbeaufnahme für den Bayern-Sponsor Opel mit Mario Basler und Oliver Kahn und zwei hübschen Models (rechts).

BODO'S
münchen

Das Konditoreicafé im Herzen Münchens

herzog-wilhelm-straße 29 * 80331 münchen * telefon (089) 26 36 73 * fax (089) 26 36 00
öffnungszeiten: montag-freitag 7.00-21.00 * samstag 8.00-20.00 * sonntag 9.00-20.00

Die Familie hat Zuwachs bekommen: Lolita und Lothar mit Sohn Loris vor einem gedeckten Brotzeit-Tisch. Mit Weißbier, Radi und Obatzer (oben).

Der Fußball-Star und die TV-Moderatorin: Lothar mit Lolita Wange an Wange.

Keine Feier ohne Lothar: In der Tracht fühlen sich beide bestens angezogen, haben viel Spaß.

Werbung für Lolitas TV-Sendung »Babys Bester«: Lothar und Lolita mit Gans und Flasche (rechts von oben nach unten).

Empfang beim Trainer: Lothar und Lolita mit Franz Beckenbauer beim Rathaus-Empfang nach der Meisterschaft 1994 (unten).

Lothar muss den Meisterwalzer trällern: Christian Ziege vergewaltigt Lothar zu einer musikalischen Einlage (oben).

Super-Stimmung bei der Meisterfeier 1994: Lothar schwingt das Tanzbein, die Krawatte hängt schon auf halb acht (oben rechts).

Die in München obligatorische Meister-Zigarre: In solchen Momenten ist auch Lothar ein Genuss-Mensch (großes Foto).

Na dann, Prost! Ein Weißbier zur rechten Zeit, eine Brotzeit dazu – bayrische Lebensart hat auch der Franke lieben gelernt (rechte Seite oben).

Da geht's lang: Der kleine Matthäus zeigt den Weg (rechte Seite unten).

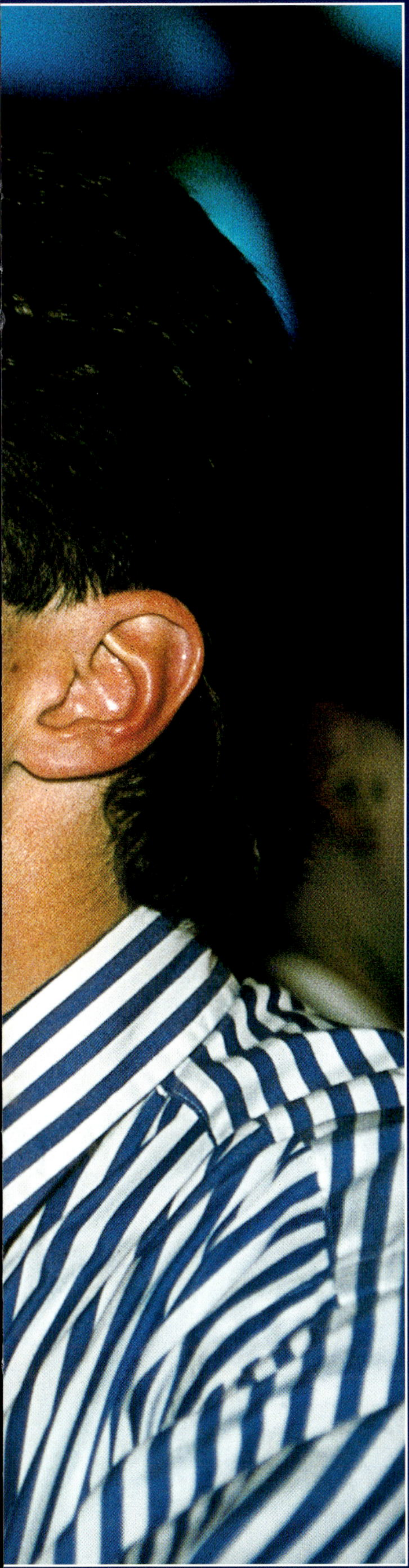

UNITED COLORS OF BENETTON

Lothar in seiner Wohnung in München-Bogenhausen: In einem Vitrinen-Schrank hat er alle Trophäen aufgestellt. In der langen Karriere ist ganz schön was zusammen gekommen.

Gewichtheben der anderen Art: Beim Training schultert Lothar seinen Sohn.

Durfte auch schon mal bei den großen Bayern zeigen, was er kann: Loris Matthäus jongliert den Ball, fasziniert schaut Papa Lothar zu.

Auch bei der WM 1998 waren seine Kinder dabei: Lothar begrüßt Tochter Alisa durch den Gitterzaun in Montpellier (links von oben nach unten).

Durch die Spiegelbrille sieht das Alpen-Panorama noch mal so schön aus… (rechts)

Herrlich, der Schnee in Zürs am Arlberg: Ausgleichssport in der Winterpause (unten).

Erste Blicke, erste Annäherung: Mit großen Augen schaut Maren auf ihren Lothar (rechts).

Der erste gemeinsame öffentliche Auftritt: Nach dem Champions League-Finale in Barcelona gegen Manchester erscheinen Lothar und Maren gemeinsam beim Bayern-Bankett.
... und vergnügen sich trotz der Niederlage: Tuschel, tuschel... (rechts unten)

Da oben, da wollen wir hin: Papa Lothar scheint seinem Sohn die Sterne vom Himmel holen zu wollen (oben).

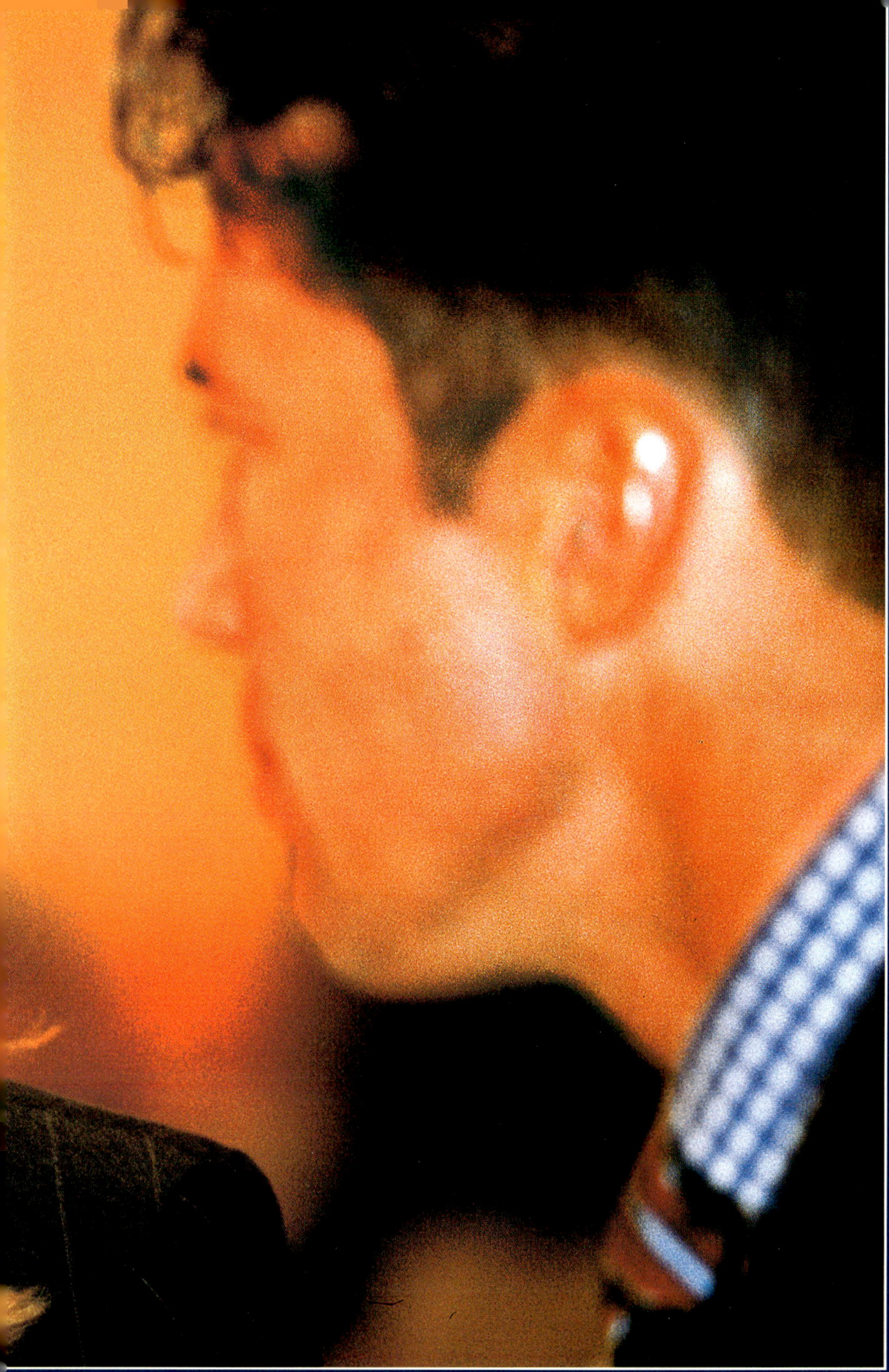

Das gemeinsame Abenteuer New York kann beginnen: Lothar zeigt Maren seinen neuen Arbeitsplatz (oben).

Die Überraschung zum 39. Geburtstag: Freunde haben eine Feier auf dem Dach des Trump Tower organisiert. Eine zünftige bayrische Brotzeit.

Ein ganz besondere Geburtstags-Gruß: Eine Torte von Promi Bäcker Bodo.

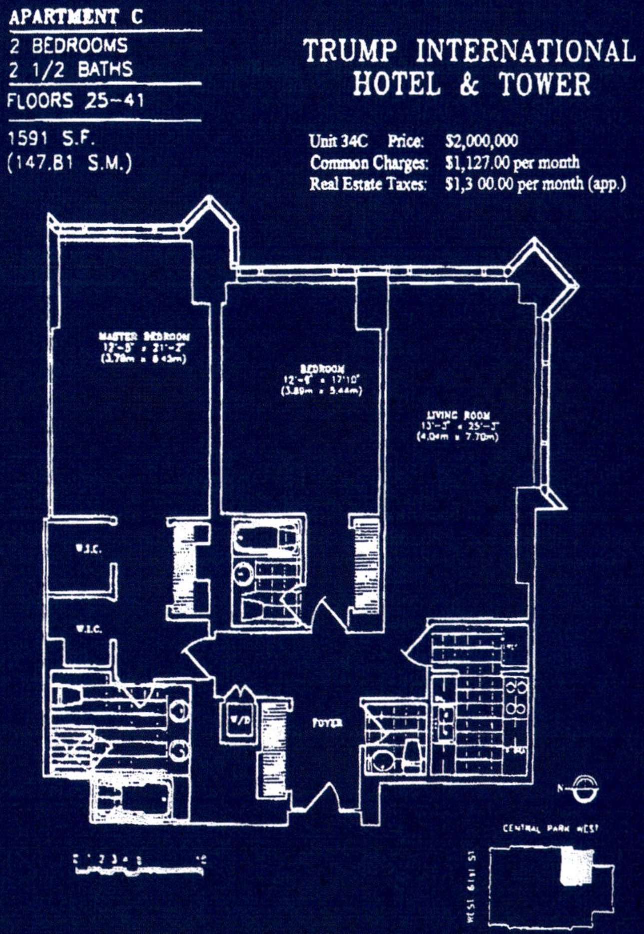

Das ist der Grundriss der neuen Wohnung im Trump Tower: Wohnzimmer, Gästezimmer, Schlafzimmer, zwei Bäder, natürlich begehbare Kleiderschränke und Küche. Das ist das neue zu Hause von Lothar und Maren (oben).

»Happy Birthday, Lothar«. Penty, Bodo und Fritz empfangen den Neu-Amerikaner an seinem Geburtstag (linke Seite außen).

…und tragen Lothar-Gedächtnis-Hüte: Der Fan-Klub besonderer Art (linke Seite innen).

Prost, Maren! Zugig ist es da oben auf dem Trump Tower, aber die Überraschung sichtlich gelungen. Maren freut sich, dass Lothar sogar das Weißbier schmeckt (links).

Seine Karriere

Lothar Matthäus, der Triumphator: Er sammelte Titel wie andere Briefmarken. Eine einmalige Karriere bis hin zum Weltrekordhalter.

Digital World
EISA
AWARDS
EUROPEAN TELEVISION 1999-2000
Panasonic TX-36PF10
ES IST ALLES EINE FRAGE DER TECHNIK.*
Quintrix
Panasonic
* Der TX-36PF10: Gewinner des Eisa Awards 1999/2000
What's New
by
Panasonic

Ein Tor mit fünf Jahren Anlauf

Lothars erster Treffer für Deutschland

In der Nationalmannschaft machte sich Lothar Matthäus in den 80er Jahren einen Namen als – Sonderbewacher. Das wirkte sich negativ auf seine Torgefährlichkeit aus ...
Matthäus: »Natürlich war es toll, gegen die Großen wie Zico oder Maradona zu spielen. Aber ich konnte nicht so viel nach vorne tun. Im Rückblick muss ich sagen, dass es meine Entwicklung eher gebremst als beschleunigt hat, weil ich in eine Schablone gedrängt wurde.«
32-mal spielte Matthäus für Deutschland. 32-mal – ohne ein einziges Tor zu erzielen. Lothar: »Ich zweifelte schon an mir selbst. Denn in der Bundesliga schoss ich ja genug Tore. Da gehörten 15 Treffer pro Saison zum normalen Repertoire. Ich glaubte schon, ich würde ein Phantom jagen.«
Am 30. April 1985 wurde er vom dem Tor-Komplex befreit, fast 5 Jahre nach seiner Länderspiel-Premiere gegen Holland bei der EM 1980.
Die Vorgeschichte zu seinem 1. Länderspiel-Treffer. WM-Qualifikation in Prag gegen die damalige ČSSR. Deutschland lag mit 8:0 Punkten in der Tabelle vorn, auch die Tschechen hofften bei 3:3 Punkten noch auf die Teilnahme an der WM 1986 in Mexiko.
Die Vorzeichen aus deutscher Sicht waren jedoch schlecht. Die Stars Karl-Heinz Rummenigge und Hans-Peter Briegel sagten kurzfristig ab. Doch Teamchef Franz Beckenbauer bastelte trotzdem eine starke Mannschaft zusammen.
Im rechten Mittelfeld: Lothar Matthäus. Es lief von Anfang an sensationell für Deutschland. Thomas Berthold traf zum 1:0 (8. Minute), sein 1. Länderspiel-Tor für Deutschland. Pierre Littbarski legte in der 22. Minute das 2:0 nach. Dann schlug vor 35 000 Zuschauern die große Stunde des Lothar Matthäus ...
So erlebte Lothar sein 1. Länderspiel-Tor: »Es kam eine lange Flanke von Thomas Berthold von der rechten Seite. Ich nahm den Ball volley und donnerte ihn ins lange Eck.« Das 3:0! Deutschland gewann 5:1 – auch für den Uerdinger Mathias Herget war das 4:0 sein 1. Länderspiel-Tor – und galt plötzlich als einer der Favoriten für die WM 1986 in Mexiko.
Zu den Schlüsselfiguren zählte Lothar Matthäus, der Dampfmacher im Mittelfeld. Die internationale Presse verneigte sich. Mlada Fronta (Prag): »Von Matthäus werden unsere Spieler noch lange träumen.« Daily Mirror (London): »Wer sich diesem Matthäus in den Weg stellt, ist selbst Schuld. Er walzt alles platt.« Hamburger Abendblatt: »Matthäus, der größte Kämpfer der Elf.«
Es schien alles zu passen in dieser Mannschaft – auch ohne Rummenigge und Briegel. Mannschaftskapitän Toni Schumacher: »Hier kann eine große Mannschaft heranwachsen.« Teamchef Franz Beckenbauer: »Unsere Perspektiven sind einmalig.« DFB-Präsident Hermann Neuberger: »Wir haben Traumfußball geboten. Diese Elf erinnert mich an unsere Europameister von 1972.«
Leider verpuffte die Euphorie schnell wieder: In den nächsten 6 Spielen verlor Deutschland viermal, spielte zweimal Unentschieden. Der nächste Sieg gelang erst am 5. Februar 1986: 2:1 gegen Italien in Avellino. Torschütze für Deutschland: Lothar Matthäus ...

Das erste Tor für Deutschland: Fünf Jahre nach seinem 1. Länderspiel trifft er im April 1985 beim 5:1 in der CSSR, erzielt hier das 3:0.

Die Faust eines Siegers: So jubelte er nach seinem ersten Länderspiel-Tor in Prag.

WM-Qualifikation, 30. April 1985 in Prag: ČSSR gegen Deutschland 1:5.

Schumacher – Jakobs – Berthold, Kh. Förster, Brehme – Herget, MATTHÄUS (82. Thon), Magath, Rahn (71. K. Allofs) – Littbarski, Völler.
Tore: 0:1 Berthold (8.), 0:2 Littbarski (22.), 0:3 MATTHÄUS (37.), 0:4 Herget (43.), 0:5 Allofs (82.), 1:5 Griga (86.)

Der Durchbruch in Maracana

Wie er erst Zico, dann Maradona an die Kette legte

Das Länderspiel-Debüt lag schon zwei Jahre zurück. Im bedeutungslosen WM-Qualifikationsspiel gegen Albanien durfte er im November 1981 zum zweiten Male im deutschen Trikot auflaufen – ab der 60. Minute. Und beim Freundschaftstreffen gegen Portugal (3:1 im Februar 1982) durfte Matthäus immerhin schon eine Halbzeit ran.
Aber Nationalspieler? Nein, das war er noch nicht. Auch nicht zwei Jahre nach seinem ersten Einsatz für Deutschland.
Bei der Mini-WM 1981 in Uruguay fehlte der Name Matthäus sogar im Aufgebot. Als aber die Vorbereitung auf die WM 1982 in Spanien vor der Tür stand, holte Derwall den Mönchengladbacher Wadenbeißer zurück.
Mit Stolz geschwellter Brust reiste Europameister Deutschland im März 1982 nach Südamerika. Nach 7 Siegen mit 31:3 Toren in Serie (allerdings gegen meist zweitklassige Gegner) zählte das deutsche Team wieder zum WM-Favoritenkreis. Die Spiele gegen Brasilien und Argentinien dienten als Standortbestimmung – und brachten den internationalen Durchbruch für den Jungfuchs Lothar Matthäus.
170 000 Zuschauer füllten an jenem 21. März 1982 das legendäre Maracana-Stadion. Ausgerechnet hier, in der berühmten Arena von Rio de Janeiro, dem größten Stadion der Welt, durfte Lothar Matthäus erstmals in der deutschen Startaufstellung auflaufen. Ein besonderes Geschenk: Denn an diesem Tag feierte er seinen 21. Geburtstag.
Und Jupp Derwall übertrug ihm gleich eine Sonderaufgabe. Matthäus sollte Brasiliens Mittelfeld-Motor Zico ausschalten. Obwohl die deutsche Elf 0:1 verlor (Junior, 83. Minute), spielte er sich in seinem 4. Länderspiel in die Herzen der deutschen Fans und in die Stammformation der Nationalelf. Frech, unbekümmert und ohne Angst vor großen Namen schnappte er sich den großen Zico, ließ Brasiliens Spielmacher nie zur Entfaltung kommen. »Zum Schluss«, so erzählte Matthäus nach diesen aufregenden 90 Minuten, »war der Zico richtig böse.« Im defensiven Mittelfeld biss sich Matthäus fest, blieb konsequent hinten, wenn sich mal Libero

Lothar Matthäus im WM-Finale 1986: Gemeinsam mit Dietmar Jakobs versucht er Maradona zu bremsen (linke Seite).

Bewacher Matthäus im Disput mit seinem Schutzbefohlenen, Diego Maradona, beim Länderspiel 1982 in Buenos Aires (links).

1986 triumphierte Maradona: Stolz zeigt er den Weltpokal im Azteken-Stadion von Mexiko-City (unten).

Uli Stielike in die Offensive einschaltete – und wurde mit Komplimenten nur so überschüttet. Jupp Derwall: »Lothar war gegen Zico so stark, er bleibt in der Mannschaft.« Was das hieß, wurde schon drei Tage später klar. Da traf die deutsche Mannschaft in Buenos Aires vor 69 000 Zuschauern auf den amtierenden Weltmeister Argentinien und dessen Superstar Diego Armando Maradona. Es war die erste Berührung der beiden Jungstars. Maradona, schon in Diensten des FC Barcelona, gegen Matthäus aus der Provinz Mönchengladbach. Obwohl Maradona den Ausgleich durch Calderon mustergültig vorbereitete (67. – Dremmler hatte die deutsche Elf nach 33 Minuten in Führung geschossen), erhielt Matthäus erneut glänzende Kritiken, wurde zum besten deutschen Spieler gekürt.
Unmittelbar vor der WM in Spanien fand in Hamburg das Abschiedsspiel von Franz Beckenbauer statt. Der »Kaiser« mit dem HSV gegen die Nationalmannschaft. Die beiden, Matthäus und Beckenbauer, die später so viele große Erfolge gemeinsam feierten, standen hier zum ersten und einzigen Male gemeinsam auf dem Platz. Die Nationalelf siegte 4:2, aber Matthäus wurde bei Halbzeit ausgewechselt, blieb für Reinders in der Kabine. Und kam auch bei der WM in Spanien nicht über eine Reservistenrolle hinaus.
Aber als Klette von Zico und Maradona hatte er sich erstmals international Respekt verschafft.

Beckenbauer: »Matthäus gegen Maradona war mein größter Fehler«

Matthäus und Maradona: Sie spielten gemeinsam in Italien, standen sich oft gegenüber. Matthäus bei Inter Mailand, Maradona beim SSC Neapel. Beide wurden sie Meister mit ihren Klubs, beide UEFA-Cup-Sieger. Beide trugen die Nummer zehn, beide waren sie die Chefs. Aber beide auf unterschiedliche Art: Maradona durch filigrane Technik, Matthäus durch unbändige Kraft und Willensstärke.
Aber noch einmal standen sie sich als direkte Gegenspieler gegenüber: im WM-Finale 1986 im Azteken-Stadion von Mexiko-City. Bei diesem Turnier war Maradona in der Form seines Lebens, hatte die Argentinier fast im Alleingang ins Finale geschossen.
Dr. Carlos Billardo, der argentinische Coach, hatte seinem genialen Spielmacher zehn Handwerker zur Seite gestellt, das Spiel ganz auf seinen Superstar zugeschnitten.
Dem sah sich der deutsche Teamchef Franz Beckenbauer hilflos ausgesetzt. Noch vor WM-Beginn hatte er über die Qualität der Bundesliga getobt. Aber er hatte es geschafft, ohne Glanz, aber mit großem Kampf, seine Elf ins Finale zu führen.
Wer aber sollte Maradona stoppen? Beckenbauer später reumütig: »Ich habe meinen besten Mann geopfert. Ich habe mir gedacht, nur Lothar kann Maradona stoppen. Es war mein größter Fehler. Nicht, dass Lothar nicht gut gespielt hätte. Aber so lahmte unser Offensivspiel.« Das Ergebnis ist bekannt: Argentinien siegte 3 : 2, wurde Weltmeister. Einen Titel, auf den Matthäus und Beckenbauer noch vier Jahre warten mussten.

Der junge Matthäus, der Kettenhund für die Stars: Hier wird er auf Thomas von Heesen angesetzt, geht im Zweikampf voll zur Sache. Daneben: Felix Magath (Nummer 10).

Matthäus in Gladbach

Der Straßenfußballer wurde zu PUMA's Spitzenclub hingelobt

Von Rainer Kalb

Spätherbst 1978. Training am Bökelberg. Berti Vogts ist von einem Beinbruch genesen und trainiert bei den Reservisten und Rekonvaleszenten mit. Zu Gast ein junger Bursche aus Herzogenaurach, dessen fränkischer Akzent am Niederrhein für Heiterkeit sorgte. Beim Spiel »Fünf gegen zwei« stieg Lothar Matthäus ziemlich hart gegen die Etablierten ein. Als die sich beschweren, meint Matthäus trocken: »Ihr müsst doch merken, dass ich hier bin!« Da lacht keiner mehr. Die Willenskraft, die sich zu einem Markenzeichen von Lothar Matthäus entwickeln wird, sie war von Beginn an vorhanden.

»Sofort nehmen« empfiehlt Vogts, und Assistenztrainer Jupp Heynckes, der im Sommer Nachfolger von Udo Lattek werden wird, schließt sich dem Urteil an. So unterschrieb Matthäus für ein Grundgehalt von 2500 Mark seinen ersten Profivertrag bei der Borussia. Heute ruht dieses Schriftstück noch im Fundus seiner ersten Ehefrau Sylvia, mit der er heitere, stürmische und bewegte Tage in den fünf Jahren in Mönchengladbach verbrachte.

Beispiel gefällig? Als das damals noch existierende »Fußball Magazin« eine Homestory über den Jungstar bringen wollte, präsentierte Matthäus stolz eine neue Freundin. Zwischen ihm und Sylvia hatte es gerade mal wieder heftig gekracht. Die üblichen Fotos: Matthäus Lampen aufhängend im trauten Heim, angehimmelt

dabei von der Neuen. Doch als das Heft, das eine mehrwöchige Vorproduktions- und Vertriebszeit hatte, endlich am Kiosk war, hatten Lothar und Sylvia sich schon wieder versöhnt. Nur die Auslieferung des Heftes, die konnte auch Matthäus nicht mehr stoppen.
Seit Sommer 1979 also war Matthäus ein Borusse. Wer sich darüber wundert, wie zu Zeiten ohne Handy und ohne Internet ein selbst in Europa etablierter Bundesligist auf einen Nachwuchsspieler im Fränkischen aufmerksam wird, sollte bedenken, dass die Borussia seinerzeit das Aushängeschild des Sportartikelherstellers Puma gewesen ist. Hans Nowak, in den 60er Jahren 15-maliger Nationalspieler für Schalke 04 und den FC Bayern, der dann seine Bundesliga-Karriere bei Kickers Offenbach ausklingen ließ, war seinerzeit PR-Beauftragter bei Puma, wo Lothars Vater als Hausmeister beschäftigt war. Klar, dass der PR-Profi das Juwel nicht an den adidas-Verein 1. FC Nürnberg, der nur 20 Kilometer entfernt vor der Haustür lag, verlieren wollte. So empfahl er den Gladbachern den Rohdiamanten.
Am 7. Spieltag, beim 1. FC Kaiserslautern, ließ Jupp Heynckes Matthäus zum ersten Mal in der Bundesliga ran. Es gab eine 2:4-Niederlage, aber auch die konnte den unaufhaltsamen Aufstieg von Matthäus nicht bremsen. In allen restlichen Spielen der Saison kam er zum Einsatz. 28–33–33–34–34 lauten seine Einsatzzahlen in den fünf Jahren Mönchengladbach: 162 Spiele und 36 Tore.
Kann es einen größeren Beweis für Zuverlässigkeit, gepaart mit Können, geben?
So ungestüm stürmte Matthäus die Bundesliga, dass Jupp Derwall ihn nach nur einem Jahr Bundesliga zur Belohnung sogar zur Europameisterschaft nach Italien mitnahm – sehr zum Leidwesen von DFB-Jugendtrainer Berti Vogts, der ihn lieber bei einem Nachwuchsturnier in China mit dabei gehabt hätte.
In Italien musste der Nachwuchsspieler lernen, welche Welten zwischen der Nationalmannschaft und der Vereinself liegen. Assistenztrainer Erich Ribbeck – ja, den gab es damals auch schon als Trainer – raunzte Matthäus an, als der sich am Swimmingpool sonnte.
Sonne lauge den Körper aus, belehrte der Trainer den Spieler – und der dachte sich, den Nachhilfe-Unterricht hätte Ribbeck sich auch sparen können; schließlich komme er ja doch nicht zum Einsatz.
Im Journalistenkreis machte schnell die Runde, wie Matthäus einen alten, erfahrenen Kollegen, der nicht aus Mönchengladbach stammte, den 19-Jährigen aber duzte, mit der größten Selbstverständlichkeit dieser Welt zurückduzte. Das verdutzte alle Kollegen, und wenn nicht gerade gespielt wurde, diskutierte man leidenschaftlich über die Frage, ob dieser Franke nur respektlos sei oder Verkörperung der neuen Generation …
Das Selbstbewusstsein der neuen Generation bekam auch Eddy Finger zu spüren. Der österreichische Rundfunkreporter war auch in Deutschland Legende, seit er beim 3:2 von Österreich gegen Deutschland bei der WM in Argentinien sein »Ich werd' närrisch« (hochdeutsche Übersetzung, Anm. d. Red.) ins Mikrofon gebrüllt hatte. Zwei Jahre später wollte der ein wenig eitle Rundfunkstar den Jungspund herablassend interviewen und sagte gnädig: »Also Herr Matteus …« –
»Ich heiße Matthäus.« – »Ja, ja, was ich fragen wollte, Herr Matteus …«. – »Ich heiße Matthäus. Sagen Sie mal, vor zwei Jahren waren Sie aber besser in Form, oder?«
Direkt war er schon immer, der Lothar. Das war seine Stärke und gleichzeitig seine Schwäche, die ihn im Laufe seiner Karriere in manche Fettnäpfchen haben treten lassen, die er bei einiger Diplomatie hätte vermeiden können. Doch wäre er dann DER Lothar geworden?

Lothar mit Dackel-Hündin Cleo: Sein Sauberkeitsfimmel ging so weit, dass er ständig mit dem Staubsauger hinter Cleo her düste, um die Hundehaare zu entfernen.

Europacup-Auftritt in Magdeburg: Alle Hände strecken sich schon Jung-Star Matthäus entgegen. Trainer Jupp Heynckes sieht's belustigt. Dahinter Torwart Wolfgang Kleff.

Amüsant eine Episode an der Rezeption des Nobelhotels, in dem die deutsche Nationalmannschaft untergebracht war. Für ein rund einminütiges Telefonat mit seiner Herzallerliebsten in Deutschland sollte Matthäus – erinnert sei an sein Grundgehalt – umgerechnet 14 Mark bezahlen. »Ich bin doch kein Millionär!«, tobte Matthäus. Fortan sammelte er Telefonmünzen, aber auch das ließ er bald bleiben: Die meisten Zellen in Hotelnähe waren kaputt, und war mal eine intakt, ratterten die Jetons mit einer Geschwindigkeit durch, die einen auch schon wieder deprimiert werden ließ …

Matthäus kam während der EM dann doch noch zu seinem ersten Länderspiel.

Im Gruppenspiel gegen Holland führte die Derwall-Truppe durch drei Tore von Klaus Allofs mit 3:0. Was sollte da noch passieren? Eine gute Viertelstunde vor Schluss gab Kapitän Bernard Dietz Bundestrainer Jupp Derwall das taktische Zeichen, er wolle sich für weitere Aufgaben schonen. 20 Jahre später, am Rande des DFB-Jubiläums in Leipzig zum 100-Jährigen Bestehen bestätigte »Enatz«, dass er sich damals für Matthäus »geopfert« habe. Es wäre fast ein teures Opfer geworden:

Matthäus, ungestüm, wie es seiner Art des gerade geborenen »Fohlens« entsprach, verschuldete einen Elfmeter, Holland bekam Oberwasser, verkürzte auf 1:3. In der 86. Minute erzielte Johnny Rep das 2:3. Zittern und Zagen auf der deutschen Bank und bei unserem Lothar … Gott sei Dank gab es seinerzeit noch nicht die exzessive Auslegung der Nach-

Mit Kurz-Zeit-Freundin Rosi beim Lampen-Aufhängen: Noch ehe das Foto erschien, war die Liebe beendet.

Lothar, der Antreiber. Hier entwischt er Bremens Libero Fichtel, stürmt schon auf den nächsten Abwehrspieler zu. Mit seiner Dynamik riss er ganz Gladbach mit.

spielzeit. Matthäus: »Ich hatte ja für Borussia schon im Europapokal gespielt. Aber da habe ich gemerkt, welche Welten damals zwischen Verein und Nationalmannschaft lagen. Und am übernächsten Tag wurde mir das durch das Medienecho noch klarer. Wo vorher Rheinische Post, Westdeutsche Zeitung, Bild und Express waren, dazu der kicker – die Sport-Bild gab es ja noch nicht – schrieben plötzlich Zeitungen über mich, von deren Existenz ich vorher gar nichts wusste. Da habe ich auch zum ersten Mal die Bedeutung der Nachrichtenagenturen verstanden.«

Es dauerte, bis Jupp Derwall dem potentiellen EM-Vernichter Matthäus wieder das Vertrauen schenkte. Matthäus rückblickend: »Als Mensch war Jupp Derwall total in Ordnung. Als junger Spieler hätte man sich von ihm manchmal mehr Mut zum Risiko gewünscht. Da ging er für meinen damaligen Geschmack doch zu sehr den Weg des geringsten Widerstandes und setzte auf die Alten.«

Die hießen bei der WM 82 Schumacher, Rummenigge, Breitner und Co. Auch Uwe Reinders und Hansi Müller waren dabei. Dann das Skandalspiel gegen Österreich.

Der heutige A2-Trainer Horst Hrubesch hatte Deutschland in der 11. Minute mit 1:0 in Führung gebracht, weshalb durch einen komplizierten Modus beide Teams qualifiziert waren, falls Österreich nicht egalisierte und Deutschland maximal ein weiteres Tor schießen würde. Da wurde in der 67. Minute Matthäus für den während der gesamten WM zäh gegen Verletzungsfolgen kämpfenden Rummenigge eingewechselt. Forsch, frei und frank machte unser Lothar in seinem nur neunten Länderspiel in zwei Jahren Dampf – bis Paul Breitner ihn zurückpfiff: Merkst du nicht, was hier läuft? Zügle deinen Ehrgeiz und passe dich der Mannschaftsdisziplin an. (Diese Zeilen stehen nicht in Zitatzeichen, weil niemand auch noch so viele Jahre später zu diesen Äußerungen stehen würde – selbst sinngemäß nicht. Dem Sinn nach sind sie aber so gefallen – häufiger.)

Stammspieler im Nationalteam wurde Matthäus erst nach der EM 84. Lag es daran, dass er zum FC Bayern München gewechselt war? Lag es daran, dass Franz Beckenbauer Jupp Derwall abgelöst hatte? Matthäus: »Ich hatte zu jeder Zeit den richtigen Trainer. Hätte ich Beckenbauer statt Heynckes am Karriereanfang gehabt – Franz hätte die Geduld nie gehabt, die Heynckes für mich aufbrachte. Hätte Derwall mich als älteren Spieler behandelt, wie er es mit mir als jungem tat – ich wäre statt zum glühenden Verteidiger der Nationalelf zum Rebell geworden.«

Doch unser aller »Loddar« wurde gezähmt. Machte »Aufmüpfigkeit« zum Markenzeichen. Nicht so pointiert wie »Che Guevara« Paul Breitner. Erkämpfte sich aber allüberall seine Freiräume a la Mönchengladbach: »Ihr müsst merken, dass ich hier bin.«

Für Norbert Pflippen, heute eine der bekanntesten Figuren in der Beratungs- und Vermarktungsszene, war Matthäus der erste Spieler, mit dem er einen Vertrag abgeschlossen hatte, nachdem er bei Günter Netzer »aus Freundschaft« erste Versuche unternommen hatte, aus einem sicheren Beamtenstatus in der Knöllchen-Abteilung der Stadt ins Glamour-Licht der Stars zu treten. 10 Prozent aus Werbeverträgen forderte »Flippi« im ersten Kontrakt, besorgte Puma für 25 000 Mark, was für Jung-Lothar bei 2500 Mark Grundgehalt zehn Monatseinkommen entsprach.

Matthäus hat Pflippen immer die Treue gehalten, auch in Momenten, in denen Matthäus juristisch unanfechtbar, moralisch aber verwerfbar, aus Verträgen heraus hätte kommen können. Selbst der Wechsel zu einem anderen Vermarkter im letzten Jahr ist – für die Branche – unglaublich sauber und fair verlaufen.

Pflippen erinnert sich: »Lothar als gelernter Raumausstatter hat seine erste Wohnung am Schmölderpark in Mönchengladbach-Rheydt mit dem Zentimetermaß nachgemessen, um die Möbel in seinem Sinne einpassen zu können. Und später, als es die Hündin Cleo gab, ist er ihr mit einem Handstaubsauger hinterhergelaufen, weil er Hundehaare und andere Unsauberkeiten in seiner Wohnung nicht ab konnte.«

Hausmann Lothar? Schwer vorstellbar, aber wahr. Noch heute hält er auf Stil. Schon in Mönchengladbach erklärte er Mitspielern, weshalb gewisse Sockenfarben »unmöglich« waren.

»Flippi« und Lothar – ein kapitelfüllendes Thema. Beide wurden voneinander reich – aber nur, weil beide Vertrauen zueinander hatten. Bei einem gemeinsamen Urlaub auf den Malediven kenterte das Ruderboot der beiden Perfektionisten und sie fielen mit ihrem Allerwertesten in spitze Korallen-Nadeln. Sie haben Jahrhunderte der sensiblen Meeres-Fauna- und Flora vernichtet – nur Lothar jammerte: »Grashoff darf nichts erfahren!« Pflippen beruhigte den auf dem Bauch Liegenden: Du hast nur noch drei Tage Pinzetten vor dir – dann ist dein Hinterteil von allen Nadeln befreit.«

Heute setzt Matthäus auf »professionelles« Management, bedauert aber, dass solche Tage nicht mehr wiederkommen können. Als er am 24. März 1984 nach einem 3:0-Sieg gegen den FC Bayern seinen Wechsel zu den Bayern bekannt geben wollte, litt sein »Spiritus Rector« Pflippen an einem fast tödlichen Autounfall. Matthäus bearbeitete den Arzt: »Ich brauche ihn bei der Bekanntgabe meiner Wechselentscheidung.« Pflippen wurde »entführt«; das vorgewarnte ZDF-Sportstudio hatte einen Ü-Wagen zur Molzmühle gefahren, um Lothars Geburtstag und seine Entscheidung live zu verkünden. Heute normaler Standard, aber vor 16 Jahren unerhört ... (»Flippi« kehrte übrigens nicht mehr ins Krankenhaus zurück).

Der Wechsel zu den Bayern ... Unvermeidlich zur damaligen Zeit. War Calle del'Haye noch dem Konkurrenten weggekauft worden, um ihn der nationalen Konkurrenz vorzuenthalten, so war Matthäus der erste Pira-

Matthäus, der Kopfballriese: Hier überspringt er Stuttgarts Stürmer-Star Dan Corneliusson. Im Hintergrund: v.l. Bernd Förster, Karlheinz Förster, Allgöwer (oben).

Matthäus, der Kopfballgigant: Hier schraubt er sich höher als die Hamburger Magath und Rolff (Nr. 11). In der Saison 83/84 ist er auch Gladbachs Kapitän.

Die dominante Figur im Gladbacher Mittelfeld: Lothar Matthäus als Zerstörer, als Antreiber, als Torschütze.

Matthäus, der Passgeber: Mit der rechten Innenseite spielt er den Ball weiter. Rechts der damalige Libero Bruns (von links).

erdgas
DINKEL
ACKER

erdgas
erdgas
BP

Obwohl er zum Erzrivalen wechselt, gibt es Blumen zum Abschied: Gladbachs Präsident Dr. Helmut Beyer und Winni Hannes (oben).

Der Frust der Niederlage: Die Schuhe liegen auf dem Rasen, die Socken qualmen – so verfolgt Matthäus die Siegerehrung für die Bayern (links).

ten-Feldzug, um einen Konkurrenten nicht nur zu schwächen, sondern sich selbst zu stärken. Die Vereine hatten eine interne »schwarze Liste« vereinbart. Sie besagte, dass – um arme Vereine vor Ausplünderung zu schützen – jeder Verein zwei Spieler benennen dürfe, denen andere Vereine aus Solidarität kein Angebot machen würden. Grashoff setzte Matthäus auf die Liste, und Uli Hoeneß ließ deshalb diese in der Nach-Bosman-Zeit kindisch wirkende Vereinbarung platzen. Der Bayern-Manager gab sein O.k. für diese informelle Liste, falls Gladbach Matthäus nicht benenne.

Grashoff weigerte sich und schrieb verbittert in seinen Memoiren über Hoeneß: »Das war natürlich nicht die Art des feinen Mannes und hat mein Verhältnis zu ihm auch nachhaltig belastet.«

Nach fünf Jahren bei Borussia stand Matthäus immer mehr im Mittelpunkt, und das nicht nur am Niederrhein. Bayern lockte, Europapokal, die Aussicht auf Titel, Trophäen, Triumphe. Der Bökelberg war zu klein geworden. Und Matthäus ging, wie er gekommen war: Mit einem Paukenschlag.

Frankfurter Waldstadion, 31. Mai 1984. Pokalfinale zwischen Bayern München und Borussia Mönchengladbach. Das letzte Spiel von Matthäus für die »Fohlen«, dann wechselt er an die Isar. 1:1 nach Verlängerung, Elfmeterschießen.

Lothar läuft an – und jagt den Ball in die Wolken. »Uli Sude hat dann noch den Elfmeter von Augenthaler gehalten; den entscheidenden Strafstoß hat Norbert Ringels an den Pfosten gesetzt. Aber für die Fans hatte natürlich ich der Borussia den Pokalsieg vermasselt.«

Matthäus im Mittelpunkt. Und aus dem sollte er nicht mehr herauskommen.

Der letzte Auftritt im Gladbach-Trikot: Matthäus mit brachialer Urgewalt im Pokalfinale 1984 zwingt Sören Lerby in die Knie. Doch Pokalsieger werden zum Rummenigge-Abschied die Bayern.

Ein Mann, ein Wort:
Rekord!
tm3
OPEL
Hol' dir den Kick!
Weltmeister, Europameister, 2 x Pokalsieger,
6 x Meister, 464 Bundesligaspiele,
2 x Weltfußballer des Jahres.
Danke für so viele spannende Augenblicke!
www.tm3.de

Hoeneß gegen Grashoff

Der große Transfer-Krieg beim Wechsel nach München

2,35 Millionen Mark – eine Ablösesumme, die heute keinen mehr aufregen würde. 1984 brach wegen diesen 2,35 Mio. Mark zwischen Gladbach und Bayern München aber sogar ein Transfer-Krieg aus. Es ging um Lothar Matthäus ...

Heynckes schlüpfte in die Rolle des Fußball-Vaters. Er machte mit ihm Sondertraining. Er verteidigte ihn für sein loses Mundwerk. Heynckes: »Einem jungen Mann muss man Zeit lassen, sich entwickeln zu können.«

Heynckes tat alles für Matthäus – doch als die Bayern kamen und Matthäus köderten, half es Gladbach auch nicht, dass der Trainer sein eigenes Portemonnaie öffnete ...

Manager Uli Hoeneß wollte den 23-jährigen Matthäus mit einem Drei-Jahres-Vertrag auf einen Schlag zum bestverdienendsten Spieler der Bundesliga machen. Die Zahlen, die 1984 einzigartig waren: 500 000 Mark Gehalt, 200 000 Mark aus Werbeverträgen, plus Prämien (etwa 100 000 Mark).

Aber Gladbach gab das Rennen noch nicht auf. Sie erhöhten das garantierte Jahresgehalt von 374 000 Mark noch einmal um 100 000 Mark! Woher hatte Gladbach plötzlich das Geld?

Unglaublich aber wahr: Trainer Jupp Heynckes steckte dahinter. 50 000 wollte er aus der eigenen Tasche zahlen, 50 000 Mark trieb er über einen Sponsor auf. Um so härter traf ihn, dass Matthäus trotzdem ging.

Der Einsatz seines Entdeckers ehrte Matthäus zwar: »Ich muss mir alles noch mal genau überlegen.« Doch da gab es schon kein Zurück mehr. Er hatte bei den Bayern eine Vereinbarung unterzeichnet, dass er 150 000 Mark Strafe zahlen müsste, wenn er doch nicht nach München wechselt. Bayern-Manager Uli Hoeneß hatte schon damals alle Tricks drauf.

Aber wie hoch sollte die Ablösesumme sein? Uli Hoeneß und Gladbach-Manager Grashoff lieferten sich ein erbittertes Duell. Gladbach forderte 2,35 Mio. Mark. Die Bayern wollten aber nur 2 Mio. Mark zahlen. Damals wurde in der Bundesliga die Summe nach einem festen Schlüssel berechnet: Letztes Jahreseinkommen inkl. Prämien (im Fall Matthäus 380 000 Mark) + neues Angebot des alten Klubs (474 000 Mark) geteilt durch 2 = 427 000 Mark. Diese Summe wurde multipliziert mit dem jeweiligen Ablösefaktor des neues Klubs (Bayern 5,5). Ergab 2,35 Mio. Mark.

Der Ablösefaktor richtete sich nach der wirtschaftlichen Leistungsfähigkeit des Klubs. So sollte ein Ausgleich zwischen Arm und Reich erreicht werden.

Als Hoeneß erfuhr, dass Gladbach noch mal 100 000 Mark auf das Matthäus-Gehalt draufpacken wollte, witterte er Betrug: »Das ist unmoralisch. Das machen die nur, um die Ablösesumme in die Höhe zu treiben.« Grashoff wütete zurück: »Hoeneß ist doch der charakterlose Preistreiber!«

Außerdem schlug Grashoff beim DFB Alarm. 150 000 Mark sollte der DFB den Bayern als Strafe aufbrummen, zu zahlen an die Borussia. Als Lothar Matthäus am 1. Juli 1984 seinen Dienst in München antrat, stand die Ablösesumme immer noch nicht fest. Erst im August fiel die Entscheidung. 2,132 Millionen Mark plus Mehrwertsteuer. So fühlten sich hinterher beide Manager als Sieger ..

Fußballerische Höhepunkte einer jeden Saison: Die Duelle zwischen Borussia Mönchengladbach (mit Lothar Matthäus) und dem FC Bayern (mit Michael Rummenigge).

Matthäus, der Held von Mailand: Jubelnd reisst er die Arme nach oben, feiert seinen großen Triumph in San Siro. Meister 1989 und UEFA-Cup-Sieger 1991.

Matthäus in Mailand

Der Chef mit der Nummer »10« und ein »Scudetto« für die Ewigkeit

Von Raimund Hinko

Das Trikot ist immer noch da. Mit den blauschwarzen Steifen, mit dem Stern, den man in Italien nur tragen darf, wenn man zehn Meisterschaften errungen hat. Das Trikot riecht immer noch streng nach dem Schweiß des Helden. Das Trikot ist verschmutzt, befleckt? Nein, es ist »geadelt«, mit dem Grün, Braun, Grau des Rasens von San Siro. Dieses Trikot trug Lothar Matthäus im UEFA-Cup-Finale, das er mit Inter Mailand 1991 gegen den AS Rom gewann.

Weder, dass ich ein Autogrammjäger wäre und schon gar nicht ein Sammler von irgendwelchen Kleidungsstücken oder Schuhen, die irgendein Spieler irgendwann mal anhatte. Aber das Matthäus-Trikot? Es hängt immer noch in meinem Büro. Das hat

Herrlich, der Blick über den Comer See: SPORT-BILD-Autor Raimund Hinko war oft zu Besuch bei Lothar Matthäus in Mailand (oben).

In ganz Italien an jedem Fan-Shop zu haben: Lothar Matthäus und Andy Brehme, verewigt auf Baseball-Caps (Mitte).

Einfallsreiche Italiener: Ein Fan-Shop als Schiff mit den Namen Matthäus und Brehme und der deutschen Fahne mitten in Mailand (unten).

Lothar Matthäus vor seiner Villa in Carimate nahe des Comer See: Der schnelle Mercedes schaffte die Strecke bis München in drei Stunden.

einfach was. Denn wer in München Ende der 80er, Anfang der 90er Jahre etwas auf sich hielt, der fuhr einfach über den Brenner nach Mailand. Nicht nur der Mode wegen. Trendy war damals (heute eigentlich immer noch) der Fußball.
Der Tempel des Fußballs hieß San-Siro-Stadion. Und auf dem Rasen dort zelebrierten die Besten der Welt ihr Spiel. Marco van Basten, Ruud Gullit, Frank Rijkaard für den AC Mailand, Andreas Brehme und Lothar Matthäus für den Lokalrivalen Inter. Ich war damals so fasziniert davon, dass ein Deutscher das blauschwarze Trikot von Inter überstreifen durfte, dass ich meine Flugangst überwand und in einer kleinen Propeller-Maschine mit Lothars Freund Rudi Neumayr, einem Hobby-Piloten, nach Mailand zur Vertragsunterzeichnung flog.
Es war ein Sonnentag, an dem man die Alpen am liebsten umarmt hätte, so herrlich klar war jeder Bergzacken zu sehen. Der einzige kleine Wackler, den es kurz vor der Landung gab, führte dazu, dass ein Tropfen Kaffee auf das Kleid von Lothars damaliger Ehefrau Sylvia schwappte. Da es sich um ein blütenweißes Kleid handelte, war Sylvia Matthäus sehr besorgt. Beim Aussteigen hielt sie verlegen eine Zeitschrift über den braunen Fleck.
Aber kein Italiener hätte je den Fleck entdecken können. Denn zur Begrüßung wurden Senora Matthäus so viele Blumensträuße überreicht, dass es reichte, zwei Kleider dahinter zu verstecken. Und dann konnte sie sich, kurz vor der Vertragsunterzeichnung, im Hotel kurz umziehen gehen.

Bayern kassierte damals für Matthäus den Dumping-Preis von sieben Millionen Mark. Und als Lothar nach der Vertragsunterzeichnung so ganz nebenbei sagte, »ich habe da noch einen Freund, der kann auch sehr gut Fußball spielen«, kauften die Italiener Andreas Brehme gleich noch mit ein. Für den Preis von zwei Millionen. Das ist etwa so, als würde man nach der Jahrtausend-Wende Raul und Morientes von Real Madrid für unter zehn Millionen erwerben können, obwohl sie circa 100 Millionen wert sind.
Noch vor dem Rückflug wurde Matthäus eine Villa nahe des Comer Sees in dem süßen kleinen Örtchen

Carimate gezeigt. Und man bat ihn, den anderen Spielern nicht zu verraten, dass er in diesem Paradies mit einem riesigen Palmengarten auch noch mietfrei wohnen darf.
Als Matthäus zum ersten Training erschien, wusste er nicht, wie ihm geschah. Denn er hatte bis dahin nicht Giovanni Trapattoni kennen gelernt, den Startrainer und vor allem auch den Charismatiker. Als Trapattoni Matthäus das Trikot mit der Nummer »10« in die Hand drückte, blickte der wie ein ungläubiger »Matthäus«. »Mister, ich bin keine Nummer 10. Ich spiele im defensiven Mittelfeld.« Trapattoni blickte ihm tief in die Augen und sagte: »Lothar, die Nummer zehn trägt in Italien grundsätzlich der Chef. Und wo immer du auch spielen wirst. Du verdienst die Nummer 10.«
So sehr sich Matthäus geehrt fühlte, so schwer musste er diese Aufwertung auch bereuen. Denn wann immer er künftig die Mittellinie überschritt, wie er es von Mönchengladbach und Bayern gewohnt war, hörte er einen schrillen Pfiff von der Bank. Und er sah einen wild gestikulierenden Trainer: »Lothar, zurück, Du gehört nach hinten«, schrie Trapattoni.
Dennoch war diese Saison 1988/89 die gigantischste, die vielleicht jemals im italienischen Fußball gespielt wurde. Denn es war die Saison des italienischen Fußballs schlechthin. Der AC Mailand krönte sich mit dem Europacup der Landesmeister, der heutigen Champions League. Der SSC Neapel nach Triumphen über Bayern München im Halbfinale und dem VfB Stuttgart im Finale dank Maradona mit dem UEFA-Pokal. Aber das wichtigste, was es in Italien gibt, der »scudetto«, die Meisterschaft, die errang Inter Mailand. Es war die erste Meisterschaft nach neun Jahren, und es war bis heute die vorläufig letzte. Sie wurde eingefahren mit der Rekordpunktzahl von 58. Seitdem ist Matthäus, genauso wie sein Freund Brehme, in Italien »immortale«, was so viel wie unsterblich heißt.
Auf dem Wege zum »scudetto« mussten die beiden allerdings einen Rückschlag einstecken, aus dem beide jedoch gestärkt hervorgingen: Es war das Aus gegen ihren alten Klub Bayern München im UEFA-Cup.
Die Scharmützel im Vorfeld haben Matthäus vielleicht erst richtig hart gemacht. Da fiel sein früherer Mannschaftskamerad Klaus Augenthaler über ihn her, er hätte in seiner letzten Bayern-Saison mehr zeigen müssen. »Er hat recht«, sagte Matthäus kleinlaut. Und Trapattoni ahnte schon: »Ich befürchte, Lothar ist gegen Bayern übermotiviert.«
In München blieb alles im Lot, Inter siegte überraschend souverän 2:0. Aber das Rückspiel im San-Siro gehört zu den Glanzstunden in der Geschichte des FC Bayern, der mit einem 3:1-Sieg weiterkam.
Augenthaler höchstpersönlich köpfte das 2:0 und stichelte: »Der Matthäus spielte wie immer, er versteckte sich. Und der Brehme ist nur nach Mailand gekommen, damit Lothar einen zum Deutsch reden hat.«
Vielleicht war das der Ruck, der durch Matthäus gehen musste. Denn immer häufiger durchbrach er nun in der Meisterschaft die Order von Trapattoni und stürmte nach vorne. Und während Augenthaler sich im Halbfinale von Maradona vorführen lassen musste, stürmte Inter drauf los. So musste Rudi Völler beim AS Rom mit ansehen, wie Inter mit 3:0 über seinen Verein hinwegfegte und der damalige Teamchef Franz Beckenbauer schwärmte: »Das war das beste Spiel,

Der Trainer und sein Star: Giovanni Trapattoni gibt letzte Instruktionen an Lothar Matthäus weiter. Anfangs auf englisch, dann auf italienisch (links).

Das Mailänder Stadtderby, der Saison-Höhepunkt für jeden »Tifosi«: Weltmeister Matthäus (Inter) gegen Weltmeister Baresi, den Milan-Libero (rechts).

Lothar Matthäus, Antreiber und Spielgestalter im weißen Inter-Trikot: Mit seiner Dynamik powerte er den Traditionsverein zum ersten Titel nach neun mageren Jahren.

das ich von Lothar jemals gesehen habe.«

Am 28. Mai 1989 ähnelte die Ehrentribüne in Mailand stark der in München. Ob der schrille Edel-Konditor Bodo E. Müller, ob der gewichtige Kärntner Hans Sattlegger von der Schloßgaststätte Leutstetten, sie alle hatten Karten für 180 000 Lire (damals über 200 Mark) erworben, um zu sehen, dass Matthäus gegen den SSC Neapel mit Diego Maradona Meister wird. Und das vier Spieltage vor Saisonende.

Lothars Freunde hätten es nicht besser treffen können, sie bekamen ein Drama mit Happy-End serviert, wie es ein Regisseur nicht besser hätte schreiben können. Nach dem 0:1-Rückstand durch Careca hatte Nicola Berti mit einem Schuss ins Dreieck ausgeglichen, als es sieben Minuten vor Schluss Freistoß gab. Andi Brehme, der Spezialist, hatte beim ersten Versuch die Mauer von Neapel mürbe geschossen, Schiedsrichter Agnolin ließ wiederholen. Da lief Matthäus an und jagte den Ball ins linke untere Eck.

Der Rest war eine Mischung aus Traum und Albtraum. Die Zuschauer stürmten derart euphorisch den Platz, dass Matthäus nach dem befreienden Lauf in die Kabine blass im Gesicht war: »Ich hatte Angst um mein Leben. Aber ich habe mehr Küsse bekommen als sonst ein ganzes Jahr.«

Als Trainer Giovanni Trapattoni nach der ersten Hektik Lothar tief in die Augen sah und sagte, »diese Meisterschaft ist für mich schöner als die sechs Titel mit Juventus Turin. Ihr Deutschen habt Charakter, Einstellung,

Einmarsch der deutschen Gladiatoren: Seite an Seite ziehen Lothar Matthäus und Andy Brehme in San Siro ein.

»Der da, der ist klasse!« Lothar zeigt auf seinen Freund Brehme. Beide eroberten trotz aller Skepsis Italien im Sturm.

Gruppenbild mit Ball: Ab der Saison 90/91 waren's drei Deutsche bei Inter Mailand. V.l. Matthäus, Klinsmann, Brehme.

Mentalität«, da flossen bei Matthäus sogar die Tränen.

Während Trapattoni den Frauen Silvia Matthäus und Pilar Brehme versicherte, »ihr seid die besten Frauen der Welt«, zählte Lothars Manager Norbert Pflippen im Geiste die Lire-Scheine. Er hatte beim Vertragsabschluss wohlweislich eine Meisterschaftsprämie für den krassen Außenseiter Inter Mailand einbauen lassen. Und nun konnte er triumphieren: »Bayerns Manager Uli Hoeneß glaubte, dass Matthäus in Italien einbricht, alle glaubten das. Nur ich nicht.«

Die Italiener leiten seit diesem glorreichen Jahr 1989 einen anderen Glauben ab. Sie sind den ganzen Stiefel entlang, vom hohen Norden bis in den tiefen Süden, fest davon überzeugt, dass es leichter ist, einen Europacup zu gewinnen als die nationale Meisterschaft.

In Italien lieben sie außerdem Zahlen. Bis heute können die Journalisten der »Gazzetta dello Sport« herunterbeten, dass Matthäus in 115 Meisterschaftsspielen 40 Tore erzielte, genauso treffsicher, wie dass Paolo Rossi 1982 auf dem Weg Italiens zum Weltmeistertitel sechs Tore schoss.

Die beiden Jahre danach, als Matthäus noch gesund war, konnte Inter zweimal Platz drei belegen. Als sich Matthäus am 12. April 1992 im Spiel gegen den AC Parma in der 33. Minute das Kreuzband riss, nur Platz acht.

Ein Jahr nach der Meisterschaft war Jürgen Klinsmann vom VfB Stuttgart zu den beiden Ex-Münchnern gestoßen. Die drei wurden zwar nicht unbedingt Freunde, aber eine Zweckgemeinschaft, der 1991 immerhin noch der Triumph eines UEFA-Cup-Siegs gelang (siehe vorne).

Aber unübertroffen bleibt aus dieser glorreichen Zeit bei Inter Mailand der Weltmeister-Titel 1990 in Italien. Da lief wirklich alles wie geschmiert. Von Erba, wo Teamchef Franz Beckenbauer das schlossähnliche Quartier der deutschen Mannschaft ausgesucht hatte, brauchten Matthäus und Brehme nur ein paar Minuten nach Hause. Und im San-Siro-Stadion, wo neben allen Vorrundenspielen auch noch Achtel- und Viertelfinale stattfanden, hatten die Inter-Spieler Heimvorteil – sogar beim 2:1 gegen Holland mit AC Mailands Gullit, van Basten, Rijkaard. Wenn der Mannschaftsbus der Deutschen die Allee entlang zum Stadion fuhr, war das schon vor dem Spiel ein Triumphzug durch ein schwarz-rot-goldenes Fahnen-Meer.

Franz Beckenbauer mag nun lieber wegschauen, damit er nicht liest, dass die legendären, manchmal auch feuchtfröhlichen Bootsfahrten der Spieler mit Matthäus nicht auf dem Comersee, sondern oft auf dem 130 Kilometer entfernten Gardasee stattfanden. Dort, wo Thomas Berthold sein Boot vor Anker liegen hatte. Da ging dann richtig die Post ab.

Für die Stimmung war es gut. 22 Mann wurden zu einem verschworenen Haufen. Selbst Matthäus und Brehme, die zwei Jahre nur 1200 Meter entfernt im selben Dorf gewohnt hatten, lernten sich erst richtig während dieser WM kennen. Sie hatten im Mannschaftshotel, wo fast alle ein Einzelzimmer belegten, ein Doppelzimmer, da sie sowieso »Heim-Schläfer« waren. Doch öfter als geplant trafen sie sich im gemeinsamen Doppelzimmer. Und schon nach dem ersten Sieg, dem 4:1 gegen Jugoslawien mit den beiden spektakulären Solo-Toren von Matthäus, schworen sie sich: »Wir werden Weltmeister.«

Als im Finale von Rom nach dem 1:0 gegen Argentinien alles vollbracht war, als Brehme für Matthäus – sein Schuh war kaputt, deshalb fühlte er sich unsicher – den entscheidenden Elfmeter verwandelt hatte, saßen die beiden morgens um 5 Uhr gemeinsam auf einer Wiese, beobachteten den Sonnenaufgang und schworen sich Freundschaft auf Lebenszeit.

Matthäus wurde zum Weltfußballer des Jahres und zu Europas Fußballer des Jahres gekürt. Und das war seinem Aufenthalt in Italien zu verdanken.

Wäre er zeitlebens in der Bundesliga geblieben, hätte er niemals diese Reife erlangt. Nie mehr war eine deutsche Fußball-Nationalmannschaft erfolgreicher als in Zeiten, da viele deutsche Fußballer in Italien Erfahrung sammelten.

Wobei Matthäus in Italien seine eigene, besondere Note setzte. Niemals wollte ich glauben, dass Lothar die rund 500 km nach München unter drei Stunden schafft. Auch nicht im schwersten, dicksten, schnellsten Mercedes.

Aber ich habe die Augen zugehalten, habe geschrieen, wenn er, ganz wie ein Italiener, wie selbstverständlich bei Rot über die Ampeln fuhr. Vor allem habe ich geschrieen, als er noch seinen kleinen feuerroten – nein, nicht Ferrari – Peugeot 205 Turbo fuhr.

»Wetten, dass wir da durchkommen«, sagte er mal, als ein Lastwagen und ein Laternenmast einen Engpass bildeten. Mit weit über 100 km/h raste Matthäus drauf zu. Es tat einen Knall – und er lachte. Wir waren tatsächlich durchgekommen. Nur den Seitenspiegel hatte es weggeschmettert.

Da ich vorhatte, Matthäus noch öfter in Italien zu besuchen, atmete ich auf, als die Meldung durch alle deutschen Nachrichten-Agenturen lief: »Peugeot von Matthäus geklaut. Innerhalb von 24 Stunden haben Diebe damit eine Bank überfallen, ein Drogengeschäft abgewickelt. Anschließend wurde das Auto bei Matthäus wieder abgestellt. Ohne Reifen, ohne Lautsprecher, ohne Radio.«

Matthäus, der Willensstarke: Auch hier behauptet er den Ball, setzt sich gegen einen Römer durch.

»Aha«, dachte ich, »in diesem Auto muss ich nicht mehr mitfahren.« Von wegen. Ein paar Tage später stand ein neuer da. Genauso knallrot, genauso klein, vor allem genauso schnell.

Als sich Lothar im letzten Jahr seiner Mailänder Karriere von Ehefrau Silvia trennte und mit seiner künftigen zweiten Ehefrau Lolita Morena in ein Haus über einem bezaubernd kleinen See zog, reifte langsam aber sicher auch der Gedanke an eine sportliche Veränderung.

Nach der Ära Trapattoni ging es bei Inter Mailand drunter und drüber.

Der Ära Trapattoni folgte ein Nachfolger nach dem anderen. Am Ende Louis Suarez, der großartige spanische Regisseur, der Inter 1964 zum Europacupsieg der Landesmeister geführt hatte. Aber der großartige Fußballer war ein fragwürdiger Trainer, vor allem auf menschlicher Ebene.

Auch das Verhältnis zu Präsident Ernesto Pellegrini hatte im Lauf der Jahre gelitten. Im ersten Jahr war der »patrone« noch überraschend in der kleinen Dorfkirche von Carimate erschienen, als Lothars zweite Tochter Viola getauft wurde. Der Pfarrer hatte damals vor lauter Aufregung fast das Kind vergessen. »Ich begrüße den großen Präsidenten«, hatte er ergriffen gehaucht.

Aber nun fühlte sich Matthäus vergessen. Niemand rief ihn an, als er nach seinem Kreuzbandriss eisern für das Comeback arbeitete. Da heckte er einen Plan aus, der voll aufging.

Matthäus, der Regisseur: Gestenreich diktiert er das Inter-Spiel.

Matthäus und Trapattoni – das Wiedersehen in München: 1994 löste Trap den »Kaiser« als Trainer ab, übernahm eine Meistermannschaft und stand als erster italienischer Trainer in Deutschland im Blickpunkt (ganz oben).

Gemeinsam wurden sie italienischer, gemeinsam auch deutscher Meister: 1997 klappte es endlich mit dem Titel. Und beide sehen ganz italienisch aus, Lothar sogar mit Sonnenbrille (oben).

Matthäus ließ sich in keinem Fitnessstudio sehen. Er ließ sich alle Geräte, die ihm sein Leibarzt Dr. Müller-Wohlfahrt empfohlen hatte, aus München kommen, stellte sie in Italien in den Keller und rannte und rannte und rannte. Nachts um drei stellte er sich den Wecker. Um 7 Uhr wieder.

Mir hatte er vorzeitig seinen Plan verraten, den ich meiner Zeitschrift »Sport-Bild« wochenlang vorenthielt, weil er sonst nicht aufgegangen wäre. Matthäus wollte bei Inter Mailand den Eindruck erwecken, dass er es mit 31 Jahren nicht mehr schafft. Da in Italien ein 30jähriger als Fußballer sowieso in der Abteilung »Alteisen« geführt wird, rieb man sich die Hände, als Bayern München anfragte, und Matthäus für den Spott-(Schrott)-Preis von vier Millionen Mark zurückkaufte.

Eine Schlüsselrolle spielte Franz Beckenbauer, Lothars Ex-Teamchef, damals Vizepräsident bei Bayern München. Als sich Matthäus meldete, forcierte er den Transfer, der am 15. August 1992 über die Bühne ging. »Ferragosto« nennen die Italiener jenen Tag, der bei uns »Maria Himmelfahrt« heißt. Es ist der höchste Feiertag in Italien.

Matthäus brachte das Glück. Denn eineinhalb Jahre später wurde Beckenbauer eine Rückrunde lang auch noch Bayern-Trainer und beförderte Lothar gleich zum Kapitän. Und was wurden die beiden? Meister natürlich.

Und Ernesto Pellegrini schäumte wie ein ganzes Fass voller Spumante.

Das weitere ist bekannt. Bayern eilte von Meisterschaft zu Meisterschaft. Inter muss dagegen noch immer warten. Trotz der Stareinkäufe Ronaldo, Baggio, Vieri, wurde es auch im Jahre 2000 nichts mit dem »scudetto«.

Und mit Wehmut denken die Tifosi zurück an die glorreiche Zeit, als Lothar noch das schwarzblaue Trikot trug.

Sein größter Coup

Wie er sich zurück nach München trickste

Italiener haben ein ganz besonderes Verhältnis zu verletzten Spielern. Solange die hochdotierten Stars nicht spielen können, werden sie einfach ignoriert. Sie sind nicht existent.
Lothar Matthäus musste das leidvoll erfahren: Kein Anruf, kein Besuch beim Patienten, weder Präsident noch Manager oder Trainer erkundigten sich nach seinem Wohlbefinden, nachdem im April 1992 die Kreuzbänder im rechten Knie gerissen waren.
Also reifte in ihm der Plan: Schluß mit Inter, Aufbruch zu neuen Zielen. Dafür kämpfte er, dafür quälte er sich, dafür unternahm er irrsinnige Anstrengungen. In seinem Wohnort Civate, nur 30 Kilometer von Inters Trainingsquartier Appiano Gentile entfernt, nistete er sich beim dortigen Bezirksliga-Verein ein. Hatte sein eigenes Shampoo, sein eigenes Wasser, seine eigene Kabine. Und quälte sich Tag für Tag an der Kraftmaschine, an den eigens für ihn angeschafften Hürden. Schon im Juli, nur drei Monate nach der Operation bei Prof. Steadman in Vail/Colorado, spürte er die großen Fortschritte.
Also griff er zum Telefon, rief seinen Freund Rudi Houdek an, den Wurstfabrikanten am Starnberger See. Houdek ist die graue Eminenz des FC Bayern, sitzt im Verwaltungsbeirat, zieht im Hintergrund die Fäden. Houdek fragte: »Meinst Du es ernst, willst Du wirklich zurück zu den Bayern?« Das JA von Matthäus war so überzeugend, dass nun die Bayern-Maschinerie in Gang gesetzt wurde. Houdek rief Beckenbauer an, Beckenbauer noch einmal Matthäus: »Läßt Dich Inter überhaupt gehen?« Matthäus überzeugt: »Ja, sie glauben nicht an mein Comeback. Für fünf Millionen oder so kann ich weg.« Am 10. Juli kam Matthäus zu einer routinemäßigen Untersuchung zu Dr. Müller-Wohlfahrt, traf sich danach mit Uli Hoeneß und Trainer Erich Ribbeck im »Bogenhausener Hof«. Vertrags-Details wurden abgeklärt. Am 29. Juli flogen Rummenigge und Hoeneß nach Mailand, wollen die Freigabe. Inter-Boss Ernesto Pelligrini, der einst schon Rummenigge nach Italien geholt hatte, fordert sechs Millionen Mark Ablöse. Zu viel für Bayern.
Der Trick aber: Mailand weiß nichts von den Kraftanstrengungen des Lothar Matthäus. Inter hält ein Comeback erst in sechs Monaten für möglich. Sie unterschätzen den Ehrgeiz, kennen nicht mal das geheime Trainingsquartier in Civate.
Und außerdem hat Matthäus mit Pelligrini noch eine Rechnung offen: Als Matthäus 1991 mit einem Wechsel nach Madrid kokettiert hatte, war ihm eine Vertragsverlängerung bis 1994 (statt 1993) versprochen worden. Dreimal war Matthäus ins Haus von Präsident Pelligrini gefahren, dreimal unter fadenscheinigen Gründen vertröstet worden. Jetzt also wollte er selbst sein Schicksal und seine Zukunft in die Hand nehmen: In München!

Am 19.09.1992 war es soweit. Lothar Matthäus feierte nach mehrjährigem Italien-Gastspiel sein Bundesliga Comeback in der Begegnung Bayern München – Wattenscheid. Und 50 000 Fans im Olympiastadion feierten mit.

Der Vertrag ist perfekt. Lothar ist wieder in München. Ganz zur Freude von Erich Ribbeck (rechts oben).

Lothar's erstes Spiel für Bayern, nachdem er sein Inter -Trikot abgestreift hatte. Im Spiel gegen die A-Klasse Mannschaft aus Pocking stand es am Ende 14:1. Mit insgesamt 111 gezählten Ballkontakten erzielte Lothar vier Treffer – ein gelungener Test.

Dann geht alles blitzschnell: Am 10. August unterschreibt Matthäus in München im Hotel »Vierjahreszeiten« seinen Vertrag bei Bayern – für ein Gehalt von 2,5 Millionen Mark brutto statt 2 Millionen netto in Italien. Am 24. August fliegen Beckenbauer, Rummenigge, Präsident Fritz Scherer und Schatzmeister Hegerich nach Mailand. Sechs Stunden wird knallhart verhandelt. Pelligrini fordert zwei Dinge: 4 Millionen Mark Ablöse, zahlbar sofort. Und eine Bürgschaft über 7 Millionen Mark, damit Matthäus binnen der nächsten zwei Jahre nicht nach Italien zurückkehrt. Rummenigge: »Wir waren finanziell damals nicht in der Lage, diesen Transfer zu stemmen.« Vier Millionen Ablöse für einen Superstar – alles andere als eine Wahnsinnssumme. Aber es musste heftig telefoniert werden. Panasonic sprang ein. Die Mutterfirma Matsushita erhielt gegen 3 Millionen Mark die Option für die japanische Liga. Sollte Matthäus irgendwann nach Japan wechseln, dann nur zum Werksklub des Matsushita-Konzerns. Von der UFA ließ sich der FC Bayern Werberechte abkaufen. Und als Pelligrini nach sechsstündigen Verhandlungen endlich bereit war, auf die 7-Millionen-Bürgschaft zu verzichten, und sich mit einer schriftlichen Garantie ohne Bürgschaft zufrieden gab, war der Deal perfekt.

Am 24. August 1992 war Matthäus wieder ein Münchner!

Den ersten Comeback-Versuch startete Matthäus am 14. September in Pocking (A-Klasse). Beim 14:1 schoss er gleich vier Tore, die Reporter zählten 111 Ballkontakte. Und notierten: »Das rechte Knie ist völlig in Ordnung, er scheute keinen Zweikampf.«

50 000 kamen zum Spiel gegen Wattenscheid, wo sonst nur 15 000 gekommen wären.

Wie Matthäus Libero wurde

Lothar Matthäus = Power, Kampf, Einsatz.
Er erobert sich den Ball am eigenen Strafraum mit einer Grätsche, marschiert über den ganzen Platz, um gleich beim Angriff mitzumischen. So ist Matthäus als Mittelfeld-Mann berühmt geworden. Millionen Fußball-Fans fragten sich: Warum hat sich dieser Volldampf-Fußballer 1994 auf den Libero-Posten zurückgezogen?
Die Antwort gibt eine 8-Zentimeter-Narbe am rechten Knie.
1992 hat er sich das Kreuzband gerissen. Die Folge: Das operierte rechte Knie misst bei angespannter Muskulatur 45,5 cm. Das gesunde linke Knie 47,2 cm! Matthäus: »Mir fehlen 1,7 cm, die lassen sich auch nicht antrainieren.«
Das Knie macht die Belastung eines Mittelfeldspielers einfach nicht mehr mit! Denn vorher gab es schon Operationen am Meniskus und am Innenband. Lothar: »Als Libero muss ich nicht so viel laufen. Mein Knie ist wie ein Auto, das einen Unfall hatte. Repariert, aber eben nicht neu. Bei jedem Wetterumschwung meldet sich das Knie. Schon beim Zähneputzen muss ich Dehnübungen machen.«
Darum stellte er Bundestrainer Berti Vogts 1994 vor die Alternative: »Entweder Libero, oder ich höre auf!« Natürlich konnte es sich Vogts nicht leisten, auf Matthäus zu verzichten, und machte ihn zum Libero.
Klar ist, dass Matthäus die Liberoposition fast perfekt ausfüllen kann: Mit seiner Schnelligkeit kann er dem Gegner viele Bälle abluchsen. Seine Übersicht, seine langen Pässe – das alles kommt zur Geltung. Matthäus: »Ich trage außerdem mehr Verantwortung.« Schade nur, dass der Kreuzbandriss ihm ein paar Spielmacher-Jahre geraubt hat …

Die Ehrungen als Oldie

Erst jetzt wissen viele, was sie an ihm hatten

Weltmeister werden 11. Europameister auch. Und eine deutsche Meisterschaft ist nur dann zu erringen, wenn wirklich alle an einem Strang ziehen. Deshalb ist die höchste persönliche Auszeichnung, die ein Fußballer erfahren kann, die Wahl zum Fußballer des Jahres. Denn die Kriterien, nach denen die Fachjournalisten auswählen, sind nicht nur die Leistung auf dem Platz, sondern auch die Vorbildfunktion, die Ausstrahlung auf die Kids. In Deutschland ist Lothar Matthäus zweimal gewählt worden: 1990 im Jahr des WM-Triumphs und 1999.

1990 – das war logisch. In Italien war Matthäus zum Weltstar gereift, hatte die deutsche Elf bei der WM zum Triumph geführt. Und war mit internationalen Ehrungen nur so überschüttet worden: Weltfußballer, Weltsportler, Europas Fußballer. Da mussten die deutschen Journalisten in den Choral der Laudatios mit einstimmen.

1999 war das anders. Im Jahr, als Sebastian Deisler das Licht der Bundesliga auf sich zog, Stefan Effenberg zum großen Bayern-Regisseur aufstieg, Mehmet Scholl den Durchbruch schaffte und in der Champions League glänzte, entschieden sich Deutschlands Sportjournalisten für den Altmeister. Für Lothar Matthäus, immerhin schon stolze 38 Jahre alt.

Noch nie hatte in Deutschland ein Oldie so eine Wertschätzung erfahren.

Schon ein Jahr zuvor hatte ihn SAT.1 auf seiner Bundesliga-Party in Abstimmung mit den TV-Zuschauern zum »Alt-Fuxx« gekürt – und anschließend doch noch den Sprung auf den WM-Zug (auch gegen die Überzeugung von Bundestrainer Vogts) geschafft.

Die späte Akzeptanz einer außergewöhnlichen Leistung.

Auf dem Platz stand er nie wirklich in Frage. Sicher, in seinen jungen Jahren gab es die Zweifel, ob er wirklich zu den Großen der Branche gehört (siehe Kapitel »Kaiserlein«). Aber schon in seiner ersten Saison für Gladbach war er aufgestiegen zum besten Borussen und hatte seither Jahr für Jahr seine Leistung gebracht. Nur nach den zwei schweren Verletzungen suchte er kurzfristig seine Form – und überzeugte doch wieder seine schärfsten Kritiker, in dem er antwortete, wie nur ein Großer antworten kann: Auf dem Platz durch überzeugende Vorstellungen für Bayern oder für Deutschland.

Warum aber kam diese Akzeptanz erst im Alter?

Der Vergleich mit Boris Becker sei erlaubt. Nach seinem ersten Wimbledon-Sieg stieg der Tennis-Star auf in den Sportler-Himmel und wurde genauso schnell verdammt, wenn er mal wieder (was selten genug vorkam) in Runde eins die Segel streichen musste. Erst in der Endphase seiner Karriere lernten wir dankbar zu sein, dass Deutschland einen so großen Tennis-Spieler hervorgebracht hat. Haben uns gefreut über jeden Auftritt, den wir zu genießen begonnen haben. Haben mit ihm gefeiert, wenn er mal wieder (was öfter vorkam) einen großen Sieg erringen konnte. Wir haben ihn erst da akzeptiert mit seinen Stärken und Schwächen und wissen erst jetzt, was wir an ihm hatten.

Genauso ist es wohl mit Lothar Matthäus. Weil er kein Fettnäpfchen ausließ, weil er sich so oft seinen Mund verbrannte, zählte sein Wort mehr als seine Leistung. Immer und immer wieder wurde er in Frage gestellt, weil er sich mit diesem und jenem anlegte. Und in der sich steigernden Medienwelt wurden die Gewichte falsch gesetzt. Einem Wort von Vogts oder Klinsmann oder, oder, oder mehr Beachtung geschenkt als der puren sportlichen Leistung.

Bis zu dem Zeitpunkt, als wir angefangen haben zu zählen: Spielt er

Lothar, der Oldie: Der Fernsehsender SAT.1 schminkte Matthäus auf »alt«. Mit Brille, Bärtchen, grauen Strähnen im Haar und Krückstock.

Sieht er nicht gut aus, der auf alt getrimmte Matthäus? Wie ein Professor...

Nichts ist unmöglich: Die Liebe zu Lothar mit Lippenstift auf einem Frauen-Bein: »I love Loddar«.

noch ein Jahr? Noch einen Monat? Ist das seine letzte Saison? Sein letzter Auftritt für Deutschland?
Nach seinem Tagebuch, erschienen im Sommer 1997, hat sich Matthäus selbst ein Redeverbot erteilt. Hat ein Jahr »die Schnauze gehalten« und wurde mit der WM-Teilnahme 1998 in Frankreich belohnt. Und auch die Fans, die ihn nie feierten, höchstens respektierten, entdeckten plötzlich ihre Liebe zu dem einzig verbliebenen Weltstar des deutschen Fußballs. In Frankreich forderten sie ihn mit »Lothar-Lothar«-Rufen, als könne nur ein 37-jähriger den Sieg herbeischießen oder ein Spiel gewinnen.
Plötzlich entdeckten sie, was wirklich zählt: Die Leistung.
Die Bestmarken, die Matthäus mit der Länge seiner Karriere aufstellte, sind der Zahlen-Beleg für eine außergewöhnliche Laufbahn. Seine Pässe, Zentimeter-genau über 50, 60, 80 Meter geschlagen, fanden den Beifall, den sie verdienten. Und wenn einer das Tempo beschleunigen oder herausnehmen kann, wie es sich für einen Regisseur gehört, dann bedurfte es auch hier einer Zeit von 20 Jahren, um zu erkennen, dass Matthäus meist im richtigen Moment das Richtige tut.
Rudi Völler war ein Volksheld. »Vielleicht auch, weil sich das langgezogene Ruuudi so gut als Schlachtruf in den Fußballstadien eignet«, hat Franz Beckenbauer mal gesagt und das »Uns Uwe« für das Hamburger Idol Seeler noch hinzugefügt. Keiner hat früher »Franz« gerufen, weil auch der Fußballer Beckenbauer zwar akzeptiert und respektiert wurde, aber nie geliebt.

Da sind sie sich ähnlich, der Beckenbauer und der Matthäus.
Und vielleicht wird es noch mehr Parallelen geben zwischen Franz und Lothar. Beckenbauer selbst behauptet schon heute, dass Matthäus ein idealer Bundestrainer ist. Bei Beckenbauer lagen zwei Jahre zwischen seinem Abschiedsspiel (1982) und dem Dienstantritt beim DFB (1984). Dann wäre Lothar Matthäus 2002 an der Reihe, vor oder nach der nächsten Weltmeisterschaft in Japan/Südkorea.

Die Oldie-Hitparade der Bundesliga

1. Uli Stein 42 Jahre/8 Monate/ 7 Tage
2. Mirko Votava 41/2/5
3. Manni Burgsmüller 40/6/8
4. Wolfgang Kleff 39/7/14
5. Klaus Fichtel 39/7/14
6. Bernard Dietz 39/3/8
7. Lothar Matthäus 38/11/14
8. Klaus Fischer 38/6/4
9. Fred Bockholt 38/0/6
10. Andi Brehme und andere mit 37 Jahren

Die ältesten Nationalspieler

1. Lothar Matthäus 39/1/6 (Stand: 4/00)
2. Fritz Walter 37/7/24
3. Andreas Kupfer 36/6/15
4. Andi Köpke 36/3/18
5. Karl Tewes 35/11/17
6. Karl Sesta 35/10/12
7. Hans Hagen 35/10/11
8. Toni Turek 35/9/28
9. Jakob Streitle 35/7/7
10. Sepp Maier 35/2/28

Meister 1994: Kapitän Matthäus schreit die Freude heraus. Sein 1. Titel nach der Rückkehr aus Italien.

Matthäus in München

Fünf Titel, viel Ärger und ein Dankeschön zum Schluss
Ein Weltstar kommt nach Hause.

Von Wolfgang Ruiner

Großer Bahnhof war angesagt. Schon über 100 Journalisten und unzählige TV-Kameras kamen am Vormittag in das neue Pressezentrum des Münchner Olympiastadions zur offiziellen Präsentation. Und nachmittags um 16 Uhr, als an jenem 26. August 1992 das erste Training des Heimkehrers Lothar Matthäus an der Säbener Straße angepfiffen wurde, säumten 2000 Menschen das Trainingsgelände des FC Bayern.

Er ging als ungeliebter Flegel und kommt hochdekoriert zurück: Weltmeister, Weltfußballer, Weltstar, italienischer Meister, aufgestiegen zum Superstar.

Die zweite Bayern-Zeit war noch erfolgreicher als die erste. Zwischen 1984 und 1988 gewann er mit den Münchnern drei Meistertitel, dazu den DFB-Pokal. Jetzt, von 1992 bis 2000, waren es deren fünf.

Doch schön der Reihe nach.

Geradezu lächerliche vier Millionen Mark überwies der FC Bayern an Inter. Und das nur, weil Professor Dr. Richard Steadman gerade das Kreuzband am rechten Knie zusammengeflickt hatte. Matthäus: »Die

UEFA-Cup-Sieger 1996: Matthäus mit dem »Pott«, den er fünf Jahre zuvor schon mit Inter gewonnen hatte.

Meister 1997: Bereits vor dem 2:2 in Gladbach wird der FC Bayern als deutscher Champion geehrt.

Pokalsieger 1998: Unter Trapattoni holt Matthäus seinen zweiten Cup-Sieg nach 1986 für den FC Bayern.

Meister 1999: Auf dem Rathausbalkon präsentiert Matthäus die Meisterschale, ist zünftig in Lederhosen gekleidet (oben von links nach rechts).

Autor Wolfgang Ruiner, hier neben Lothar Matthäus in New York: Er ist Chefreporter bei BILD in München (links).

Der mit dem Ball tanzt: Lothar Matthäus im Zweikampf mit Leverkusens Rumänen Lupescu (unten).

Rückkehr ins Nationalteam: Matthäus wird bei der WM 1998 wieder zum Abwehrchef. Hier der Zweikampf mit Kroatiens Davor Suker, dem WM-Torjäger.

Aber Matthäus tat das, was er am besten konnte. Er spielte Fußball. Gut Fußball. Manchmal auch sehr gut. Zusammen mit Oliver Kahn war er maßgeblich an der 14. Meisterschaft beteiligt, die Bayern 1997 unter Giovanni Trapattoni einfuhr. Aber der oberflächliche Frieden zerbrach an der Veröffentlichung seines »Tagebuchs«. Willkommener Anlass für die Matthäus-Gegner im Bayern-Team, ihn endgültig als Kapitän abzusägen.

Diese in seinen Augen große Unsportlichkeit, diese bösen Unterstellungen brachten das Fass zum Überlaufen: Aus seinem australischem Urlaubs-Domizil sagte er nur: Ich gehe. Nie wieder FC Bayern!

Noch bevor die neue Saison anfing, trafen sich Beckenbauer und Matthäus in Hongkong. Dorthin hatte die FIFA eingeladen. Ein Spiel der Weltauswahl, die Beckenbauer trainierte und in der Matthäus spielte. Es war ein Gespräch unter Männern – und veranlasste Matthäus zum Sinneswandel. Erstens blieb er, zweitens änderte er sich.

Er verzog sich in seinen Schmollwinkel: Nichts hören, nichts sehen, nichts sagen. Er spielte, aber ohne Verantwortung. Er war lieb und nett, aber sagte nichts mehr. Handelte egoistischer. »Ab jetzt denke ich nicht mehr für die Mannschaft, sondern nur an mich.« Die Absetzung hatte ihn bis ins Mark getroffen.

Den Pott bekam er nie: Ausgewechselt und frustriert nach dem verlorenen Finale der Champions League gegen Manchester United .

Toller Spagat: Auch mit fast 39 Jahren imponierte Matthäus durch Leistung.

Lothar Matthäus, wirklich geläutert? Nicht wirklich. Denn er fühlte sich trotz allem im Recht, von Intriganten denunziert und dafür auch noch abgestraft. Aber er lernte. Zwar brodelte es in ihm wie nie zuvor, aber er hatte sich im Griff und umkurvte ab jetzt jedes Fettnäpfchen so elegant, wie er bei der WM 1990 seine Gegner umdribbelt hatte.

Er hätte es sich einfach machen und mit Trap nach Florenz wechseln können. Er tat es nicht. Und plötzlich ging alles wie von selbst.

Matthias Sammer war verletzt, bei Olaf Thon rissen die Bänder. Berti Vogts hatte vor der WM 98 plötzlich keinen Libero mehr. Ganz Deutschland schrie nach Lothar Matthäus.

Wider Willen flog Vogts nach München, hatte als Zeugen DFB-Direktor Bernd Pfaff im Schlepptau. Ein Geheimtreffen in der Praxis von Dr. Müller-Wohlfahrt. Knallhart stellte Vogts Bedingungen: Keine Forderungen, keine Stammplatzgarantie, keine Interviews, Klappe halten und trainieren.

Und wieder stellte sich Deutschland die Frage: Geht man so mit einem Rekord-Spieler um? Matthäus war keine 18 mehr, den man maßregeln muss. Keine 21, wo man sich hinten an stellen muss. Er war 38, Weltmeister mit Turniererfahrung. Aber Matthäus akzeptierte schweren Herzens. Aus Liebe zur Nationalmannschaft. Und wieder wurde Vogts zu seinem Glück gezwungen. Beim Stande von 0:2 gegen Jugoslawien forderten die Fans »Matthäus«. Er kam bei Halbzeit, das Spiel endete 2:2, Matthäus war wieder mittendrin.

Und blieb dabei. Nicht unter Vogts. Der wurde im September gegangen. Aber unter dem Teamchef Erich Ribbeck kam auch Matthäus zurück. »Ich brauche eine Leitfigur.«

Die war Lothar bei Bayern nicht mehr. Die Kapitänsbinde übergab Ottmar Hitzfeld an seinen Stareinkauf Stefan Effenberg. Und rückte von Matthäus ab. »Auch bei ihm bleibt die biologische Uhr nicht stehen.« Hatte er seinem Altstar die Leistung nicht mehr zugetraut? Sowohl in Champions League als auch Bundesliga überzeugte Matthäus, glänzte als Abwehrchef und auch im Spielaufbau. Seine langen Pässe – einfach unnachahmlich in der Bundesliga. Aber natürlich spürte auch Lothar das fehlende Vertrauen – und reagierte.

Vielleicht war es zu emotional, vielleicht seine Reaktion auch vorschnell: Aber während der USA-Reise mit der Nationalmannschaft kam das Angebot der MetroStars. Und Matthäus sagte spontan zu, ohne New York, die Trainingsbedingungen, den Verein überhaupt zu kennen.

Sein Vertrag in München lief noch bis Sommer 2000. Aber da gab es auch das Wort von Präsident Beckenbauer: »Lothar selbst kann bestimmen, wann er aufhören will.« Er wartete auf ein Zeichen, wollte wichtig sein für den Verein. Wollte das Vertrauen spüren. Aber er erntete nur Schweigen.

Wie sehr das Verhältnis zwischen Hitzfeld und Matthäus belastet war, zeigte sich im Finale der Champions League gegen Manchester. Da holte der Trainer seinen Libero nach 80 Minuten vom Platz. Sicher: Lothar hatte eine Verletzung angezeigt, verteidigte später auch Hitzfelds Auswechseln, aber intern verriet er: »Ein Trapattoni oder Beckenbauer hätte mich angeschrien, angestachelt, verantwortlich gemacht, aber nie und nimmer rausgeholt.«

Ist passiert. Beim UEFA-Cup-Finale in Bordeaux klagte Matthäus schon zur Pause über muskuläre Probleme. Beckenbauers Antwort: »Du spielst zu Ende, wir brauchen dich.«

Hitzfeld aber nahm ihn raus. Als Lothar ging, führte Bayern 1:0. Am Ende hieß es 1:2...

Matthäus wollte nur noch weg. Ab nach New York. Aber die Bayern hatten es nicht geglaubt, keinen Libero-Nachfolger verpflichtet. Deshalb redeten Hoeneß, Rummenigge und Hitzfeld mit Engelszungen auf Matthäus ein.

Und für Lothar war es an der Zeit, Danke zu sagen. Danke für eine wunderschöne Zeit in München. Danke für die großen Erfolge, die der Verein ihm, aber auch er dem Verein verdankte. Er ließ sich überreden, bis Weihnachten zu bleiben. Und als dann Jeremies gesperrt und Strunz verletzt war, hängte er sogar noch ein paar Monate dran. Bis März 2000, bis zum Spiel gegen Real. Bis zur 4:1-Gala bei seinem Abschied.

Und ausgerechnet jetzt, in den letzten Monaten, als Matthäus noch einmal eine Glanzleistung an die nächste reihte, wurde auch das Verhältnis von Hitzfeld zu seiner Nummer 10 so, wie es sich Matthäus immer gewünscht hätte. Endlich nahm der Trainer seinen Star mit in die Verantwortung, besprach sich mit ihm, zeigte Vertrauen.

Ende gut, alles gut?

Lothar und München – vielleicht gibt es ja wirklich noch einmal ein Wiedersehen. In welcher Funktion auch immer.

Matthäus, Leitwolf und Dirigent der Münchener Meistertruppe. Seit seiner Rückkehr aus Italien führte er die Bayern zu drei Meistertiteln, zum UEFA-Cup- und Pokalsieg.

Lothar Matthäus

Der Leitwolf

Leitwolf – das Wort steht in keinem Lexikon. Und doch ist der Leitwolf ein feststehender Begriff. In der Tierwelt genauso wie im Sport.

Leitwolf – das ist das Leittier eines Wolfsrudels. Es hält die Herde zusammen, bestimmt den Weg der ganzen Gruppe. Angriff oder Verteidigung, der Leitwolf sagt, wo es langgeht.

Genauso ist es im Fußball. »Ohne eine klare Hackordnung hast du keinen Erfolg«, sagt Udo Lattek, der Altmeister unter Deutschlands Trainern, dessen psychologische Mannschaftsführung weithin bekannt ist und der vielleicht auch deshalb die meisten Titel aller deutschen Trainer sammelte.

Äußeres Zeichen des Rudelführers ist eine Binde um den linken Arm: Die Kapitänsbinde. War es zu Turnvater Jahns Zeiten noch so, dass die Mannschaft selbst ihren Anführer wählen durfte, so ist es heute üblich, dass der Trainer seinen Kapitän bestimmt. Franz Beckenbauer machte Lothar Matthäus zum Chef der Nationalmannschaft.

Nach dem Rücktritt von Kalle Rummenigge (WM 86), dem Buch »Anpfiff« und damit verbundenen Ausschluss von Toni Schumacher (Frühjahr 87) war zunächst Klaus Allofs der Nationalspieler mit den meisten Länderspielen und aus dieser DFB-Tradition heraus auch Kapitän. Doch als sich Allofs verletzte, übernahm Matthäus endgültig die Führungsrolle im deutschen Team. Das war Ostern 1988 in Berlin gegen Schweden.

Franz Beckenbauer war es auch, der Lothar die Binde bei den Bayern übergab. Erich Ribbeck, der nach der Rückkehr von Matthäus aus Mailand die Bayern trainierte, wagte sich nicht heran an die Hierarchie. Beckenbauers erste Amtshandlung nach der Ablösung von Erich Ribbeck war im Winter 1994 der Kapitänswechsel: Matthäus war sein Chef.

Lothar Matthäus war ein Leitwolf. Seine ganze Karriere lang.

Einer, der schon durch seine große Klappe als Wortführer geeignet war. Einer aber auch, der bereit war, Verantwortung zu übernehmen. Der die Binde mit Stolz trug, um Verein oder Nationalmannschaft zu repräsentieren. Einer mit Ausstrahlung, auch international eine anerkannte Persönlichkeit. Spätestens seit dem Moment, als er erst Inter Mailand zu Italiens Meister machte und anschließend die deutsche Elf zum WM-Triumph führte.

Lothar Matthäus ist Deutschlands Kapitän Nummer eins.

Keiner führte eine Nationalmannschaft so häufig aufs Feld wie er. Kein Beckenbauer, kein Seeler, kein Fritz Walter. Was zum einen an der Anzahl der Länderspiele liegt, die der DFB Jahr für Jahr gesteigert hat, aber auch an der Leistungskonstanz eines Lothar Matthäus.
Abgesetzt wurde er erst, als seine Achillessehne riss. Nicht nur, dass Matthäus danach 41 Länderspiele lang fehlte (zwischen 1994 und 1998), auch nach seiner Rückkehr zwang Vogts den Rekord-Spieler, sich von Führungsrollen fern zu halten. Seine Rudelführer hießen Klinsmann und Kohler. Doch wer einem Matthäus die Verantwortung nimmt, der kann auch keine Top-Leistung von ihm erwarten. Vielleicht auch ein Grund, warum die deutsche Elf 1998 bei der WM sang- und klanglos mit 0:3 im Viertelfinale an Kroatien scheiterte.
Seit Erich Ribbeck die Nationalelf trainiert, blieb zwar der noch von Vogts inthronisierte Bierhoff Kapitän, aber Matthäus der Chef. Mit 38 Jahren hatte er es nicht mehr nötig, das äußere Zeichen der Wertschätzung. Matthäus: »Ich will es nicht, ich brauche es auch nicht.« Die Anerkennung hat er sich längst auf dem Spielfeld zurück erkämpft.
»Wenn der Leitwolf keine Leistung mehr bringt, dann beißen ihn die anderen einfach weg.« Auch dieser Satz stammt von Udo Lattek. Lothar Matthäus wurde weggebissen. In München ist es passiert. Nach seinem Tagebuch hat ihm ausgerechnet der Mann die Binde weggenommen, der sie ihm auch gegeben hatte: Franz Beckenbauer, damals Trainer, inzwischen Präsident des FC Bayern. Er gab dem Aufstand der Klinsmann, Helmer, Babbel 1997 nach, nachdem das selbe Trio schon ein Jahr vorher versucht hatte, Matthäus aus dem Amt zu kegeln.
Mit Matthäus als Kapitän waren die Bayern 1994 und 1997 Meister, 1996 UEFA-Cup-Sieger geworden. Mit ihm wurde Deutschland 1990 Weltmeister. Erfolge, die nur mit einer Mannschaft möglich sind, in der auch die Hackordnung stimmt. Und mit einem Leitwolf, der eine echte Führungspersönlichkeit ist.
Wenn einer diese Bezeichnung verdient, dann Lothar Matthäus.

Die deutschen Kapitäne

		Länderspiele
1.	Lothar Matthäus	67
2.	Kalle Rummenigge	51
3.	Franz Beckenbauer	50
4.	Uwe Seeler	40
5.	Fritz Szepan	31
6.	Paul Janes	30
	Fritz Walter	30
8.	Willi Schulz	20
	Berti Vogts	20
10.	Bernard Dietz	19

»Vergelt's Gott , Lothar«. Ein riesiges Herz mit der Nummer 10 rollten die Bayern-Fans zu seinem Abschied aus. Zum Schluss lernten ihn auch die Fans lieben.

Die Bilanz einer rasanten Laufbahn

21 Jahre Profifußball. Das sind unzählige Spiele, viele Tore, große Titel. Alle Zahlen, Daten, Fakten dieser rasanten Laufbahn.

BAYERN

Köpke, Matthäus, Wörns, Babbel, Heinrich (58. Möller), Hamann, Helmer (37. Ziege), Tarnat, Häßler (74. Kirsten), Klinsmann, Bierhoff
Z.: 35.500, SR: Melo Pereira (Por), Tore: 0:1 Hernandez (47.), 1:1 Klinsmann (75.), 2:1 Bierhoff (87.)

129. Länderspiel
Deutschland – Kroatien
0:3 (0:1), WM-Viertelfinale am 4. 7. 1998 in Lyon
Köpke, Matthäus, Wörns, Kohler, Heinrich, Hamann (79. Marschall), Jeremies, Tarnat, Häßler (69. Kirsten), Klinsmann, Bierhoff
Z.: 43.300, SR: Pedersen (Nor), Tore: 0:1 Jarni (45.), 0:2 Vlaovic (80.), 0:3 Suker (85.)

130. Länderspiel
Deutschland – Niederlande
1:1 (0:1), am 18. 11. 1998 in Gelsenkirchen
Kahn, Matthäus (70. Ramelow), Nowotny (46. Rehmer), Wörns, Strunz (86. Hamann), Jeremies, Heinrich, Basler (73. Zickler), Möller, Bierhoff, Kirsten (21. Marschall)
Z.: 45.000, SR: Wojcik (Pol), Tore: 0:1 Reiziger (22.), 1:1 Marschall (52.)

131. Länderspiel
USA – Deutschland
3:0 (3:0), am 6. 2. 1999 in Jacksonville
Kahn, Matthäus, Babbel, Rehmer, Ricken, Jeremies, Ramelow (46. Nerlinger), Zickler (46. Bode), Möller, Preetz, Marschall
Z.: 20.000, SR: Alcala (Mex), Tore: 1:0 Kirovski (16.), 2:0 Sanneh (24.), 3:0 Reyna (26.)

132. Länderspiel
Deutschland – Kolumbien
3:3 (1:1), am 9. 2. 1999 in Miami
Kahn (46. Lehmann), Matthäus, Rehmer, Wörns, Babbel, Jeremies (46. Nerlinger), Möller, Bode, Preetz, Neuville (74. Zickler), Reich (79. Ricken)
Z.: 14.563, SR: Hall (USA), Tore: 0:1 Asprilla (26.), 1:1 Preetz (33.), 2:1 Preetz (55.), 2:2 Asprilla (67. Foulelfmeter), 3:2 Bode (74.), 3:3 Ivan Cordoba (79.)

133. Länderspiel
Nordirland – Deutschland
0:3 (0:2), EM-Qualifikation am 27. 3. 1999 in Belfast
Kahn, Babbel, Matthäus (46. Nowotny), Wörns, Strunz, Jeremies, Hamann, Heinrich, Neuville (68. Jancker), Bierhoff, Bode (78.Preetz)
Z.: 14.270, SR: Cesari (Ita), Tore: 0:1, 0:2 Bode (11., 43.), 0:3 Hamann (62.)

134. Länderspiel
Deutschland – Finnland
2:0 (2:0), EM-Qualifikation am 31. 3. 1999 in Nürnberg
Kahn, Babbel, Matthäus, Wörns, Strunz, Hamann (72. Nowotny), Jeremies, Heinrich, Neuville (65. Kirsten), Bierhoff, Bode (76. Jancker)
Z.: 40.758, SR: Kussajnow (Rus), Tore: 1:0 Jeremies (31.), 2:0 Neuville (36.)

135. Länderspiel
Deutschland – Schottland
0:1 (0:0), am 28. 4. 1999 in Bremen
Lehmann, Matthäus, Wörns, Nowotny, Strunz (88. Jancker), Jeremies (46. Ramelow), Hamann (60. Ballack), Heinrich, Neuville, Bierhoff (60. Kirsten), Heldt
Z.: 27.000, SR: Meier (Ch), Tor: 0:1 Hutchinson (66.)

136. Länderspiel
Deutschland – Moldawien
6:1 (3:0), EM-Qualifikation am 4. 6. 1999 in Leverkusen
Kahn, Matthäus (74. Babbel), Nowotny, Strunz, Jeremies (45. Scholl), Hamann, Heinrich, Neuville, Kirsten (55. Ramelow), Bierhoff, Bode
Z.: 21.000, SR: Coroado (Por), Tore: 1:0 Bierhoff (2.), 2:0 Kirsten (27.), 3:0 Bode (38.), 4:0 Bierhoff (56.), 5:0 Scholl (71.), 5:1 Stratulat (76.), 6:1 Bierhoff (82.)

137. Länderspiel
Brasilien – Deutschland
4:0 (0:0), am 24. 7. 1999 in Guadalajara
Lehmann, Matthäus, Wörns, Linke, Ricken, Ballack, Wosz, Heinrich (74. Maul), Neuville (78. Gerber), Preetz (71. Marschall), Scholl
Z.: 70.000, SR: Alcala (Mex), Tore: 1:0 Ze Roberto (62.), 2:0 Ronaldinho (72.), 3:0, 4:0 Alex (86., 88.)

138. Länderspiel
Deutschland – Neuseeland
2:0 (2:0), am 28. 7. 1999 in Guadalajara
Lehmann, Matthäus (71. Ballack), Wörns, Linke, Ricken, Schneider, Scholl (46. Wosz), Heinrich, Neuville, Marschall (65. Rink), Preetz
Z.: 50.000, SR: Codija (Benin), Tore: 1:0 Preetz (7.), 2:0 Matthäus (33.)

139. Länderspiel
USA – Deutschland
2:0 (1:0), am 30. 7. 1999 in Guadalajara
Lehmann, Wörns, Linke, Schneider, Wosz, Matthäus, Gerber (76. Maul), Heinrich (41. Dogan), Neuville, Preetz, Heldt (60. Rink)
Z.: 50.000, SR: Alcala (Mex), Tore: 1:0 Olsen (24.), 2:0 Moore (49.)

140. Länderspiel
Finnland – Deutschland
1:2 (0:2), EM-Qualifikation am 4. 9. 1999 in Helsinki
Lehmann, Babbel, Linke, Nowotny, Matthäus, Jeremies, Scholl (79. Nerlinger), Neuville (85. Strunz), Bierhoff, Kirsten (32. Schneider), Ziege
Z.: 20.184, SR: Lopez-Nieto (Esp), Tore: 0:1, 0:2 Bierhoff (2., 17.), 1:2 Salli (63.)

141. Länderspiel
Deutschland – Nordirland
4:0 (4:0), EM-Qualifikation am 8. 9. 1999 in Dortmund
Lehmann, Nowotny (46. Wörns), Matthäus, Linke, Babbel (30. Strunz), Jeremies, Ziege, Scholl, Neuville (66. Schneider), Bierhoff, Bode
Z.: 41.000, SR: Bikas (Gr), Tore: 1:0 Bierhoff (3.), 2:0, 3:0, 4:0 Ziege (16., 33., 45.)

142. Länderspiel
Deutschland – Türkei
0:0, EM-Qualifikation am 9. 10. 1999 in München
Kahn, Matthäus, Babbel, Linke, Schneider (89. Dogan), Hamann (46. Nerlinger), Jeremies, Ziege (76. Bode), Neuville, Bierhoff, Scholl
Z.: 63.572, SR: Collina (Ita).

143. Länderspiel
Norwegen – Deutschland
0:1 (0:0), am 14. 11. 1999 in Oslo
Lehmann, Matthäus, Wörns, Babbel (68. Baumann), Jeremies, Ziege, Bode (46. Hamann), Neuville (33. Linke), Scholl, Bierhoff (83. Jancker), Kirsten (46. Wosz)
Z.: 14.359, SR: Jool (NL), Tor: 0:1 Scholl (90.)

144. Länderspiel
Niederlande – Deutschland
2:1 (2:1), am 23. 2. 2000 in Amsterdam
Kahn, Matthäus, Babbel, Linke, Sebescen (46. Deisler), Jeremies, Hamann (61. Wosz), Ziege, Neuville (76. F. Baumann), Bierhoff, Scholl
Z.: 50.000, SR: Messina (Ita), Tore: 1:0 Kluivert (15.), 1:1 Ziege (22.), 2:1 Zenden (28.)

145. Länderspiel
Kroatien – Deutschland
1:1 (0:1), am 29. 3. 2000 in Zagreb
Kahn, Matthäus, Nowotny, Linke, Rehmer (46. Ramelow), Ballack, Hamann, Ziege (88. Beinlich), Wosz, Kirsten (83. Rink), Bierhoff
Z.: 5.000, SR: Michel (Slk), Tore: 0:1 Rehmer (12.), 1:1 N. Kovac (70.)

146. Länderspiel
Deutschland – Schweiz
1:1 (0:1), am 26. 4. 2000 in Kaiserslautern
Lehmann, Babbel (35. Wörns), Matthäus, Linke, Rehmer (68. Neuville), Ballack, Ziege (19. Bode), Scholl (24. Hamann), Wosz (46. Rink), Bierhoff, Preetz (46. Kirsten)
Z.: 32.000, SR: Norman (Swe), Tore: 0:1 Hakan Yakin (33.), 1:1 Kirsten (85.)

Seine Karriere im Europapokal

Borussia Mönchengladbach

UEFA-Cup 1979/80

1. Runde, Hinspiel
am 19. 9. 1979
Borussia M'Gladbach – Viking Stavanger 3:0 (2:0)
Sude, Schäffer, Ringels, Hannes, Fleer (62. Klinkhammer), C. Nielsen, Kulik, Danner (77. Matthäus), Gores, Nickel, Lienen
Z.: 8.000, SR: Raus (Yug), Tore: 1:0 Lienen (11.), 2:0 Nickel (43., Elfm.), 3:0 Kulik (79.)

2. Runde, Hinspiel
am 24. 10. 1979
Borussia M'Gladbach – Inter Mailand 1:1 (1:0)
Kneib, Schäffer, Ringels, Hannes, Wohlers (59. Matthäus), Schäfer, C. Nielsen, Kulik, Del'Haye, Nickel, Lienen
Z.: 36.000, SR: Wurtz (Fra), Tore: 1:0 Hannes (39.), 1:1 Altobelli (55.)

2. Runde, Rückspiel
am 7. 11. 1979
Inter Mailand – Borussia M'Gladbach 2:3 (1:1, 1:1) n. V.
Kneib, Schäffer, Klinkhammer (102. Schäfer), Hannes, Fleer (95. Ringels), Matthäus, C. Nielsen, Kulik, Del'Haye, Nickel, Lienen
Z.: 81.000, SR: Palotai (Hun), Tore: 1:0 Altobelli (24.), 1:1 Nickel (33.), 2:1 Altobelli (94.), 2:2 Ringels (103.), 2:3 Nickel (109., Elfm.)

Achtelfinale, Hinspiel
am 28. 11. 1979
Borussia M'Gladbach – Univers. Craiova 2:0 (1:0)
Kneib, Schäffer, Ringels, Hannes, Fleer (82. Klinkhammer), C. Nielsen, Kulik, Matthäus, Del'Haye, Nickel, Lienen
Z.: 23.000, SR: Syme (Sco), Tore: 1:0, 2:0 Nickel (10., 78.)

Achtelfinale, Rückspiel
am 12. 12. 1979
Universitatea Craiova – Boruss. M'Gladbach 1:0 (0:0)
Kneib, Schäffer, Ringels, Hannes, Klinkahmmer, C. Nielsen (62. Schäfer), Kulik, Matthäus, Del'Haye, Nickel, Lienen (81. Bödeker)
Z.: 45.000, SR: van Langenhove (Bel), Tor: 1:0 Irimescu (75.)
Bes. Vorkommnis: Camataru verschießt Elfm. (48.)

Viertelfinale, Hinspiel
am 5. 3. 1980
AS St. Etienne – Boruss. M'Gladbach 1:4 (0:4)
Kneib, Schäffer, Ringels, Hannes, Matthäus, C. Nielsen (54. Schäfer), Kulik, Bödeker, Del'-Haye, Nickel, Lienen (77. Thychosen)
Z.: 42.000, SR: Castillo (Esp), Tore: 0:1 Nielsen (15.), 0:2 Nickel (18.), 0:3 Nielsen (21.), 0:4 Lienen (36.), 1:4 Platini (55., Elfm.)

Viertelfinale, Rückspiel
am 19. 3. 1980
Borussia M'Gladbach – AS St. Etienne 2:0 (2:0)
Kneib, Bödeker (46. C. Nielsen), Schäffer, Ringels, Hannes, Matthäus, Schäfer, Thychosen, Kulik, Nickel, Lienen (46. Del' Haye)
Z.: 30.000, SR: Rainea (Rom), Tore: 1:0 Thychosen (11.), 2:0 Hannes (15.)

Halbfinale, Hinspiel
am 9. 4. 1980
VfB Stuttgart – Bor. M'Gladbach 2:1 (0:0)
Kneib, Bödeker, Schäffer, Fleer, Hannes, Matthäus, Schäfer, C. Nielsen (82.Klinkhammer), Del'Haye, Nickel, Lienen (73. Kulik)
Z.: 42.000, SR: Courtney (Eng), Tore: 0:1 Nickel (74.), 1:1 Ohlicher (87.), 2:1 Volkert (90., Elfm.)

Halbfinale, Rückspiel
am 23. 4. 1980
Borussia M'Gladbach – VfB Stuttgart 2:0 (1:0)
Kneib, Bödeker, Schäfer, Fleer, Ringels, Matthäus, Kulik (78. Schäffer), C. Nielsen (85. Klinkhammer), Del'Haye, Nickel, Lienen
Z.: 22.000, SR: Eriksson (Swe), Tore: 1:0 Matthäus (23.), 2:0 Schäfer (68.)

1. Finale am 7. Mai 1980
in Mönchengladbach
Borussia M'Gladbach – Eintracht Frankfurt 3:2 (1:1)
Kneib, Schäfer, Hannes, Schäffer, Ringels, Matthäus, Kulik, C. Nielsen (86. Thychosen), Del'Haye (72. Bödeker), Nickel, Lienen
Z.: 25.000, SR: Muro (Esp), Tore: 0:1 Karger (37.), 1:1 Kulik (45.), 1:2 Hölzenbein (71.), 2:2 Matthäus (77.), 3:2 Kulik (88.)

2. Finale am 21. Mai 1980
in Frankfurt
Eintracht Frankfurt – Bor. M'Gladbach 1:0 (0:0)
Kneib, Fleer, Hannes, Schäffer, Ringels, Bödeker, Matthäus (86. Thychosen), Kulik, C. Nielsen (68. Del'haye), Nickel, Lienen
Z.: 59.000, SR: Ponnet (Bel), Tor: 1:0 Schaub (81.)

UEFA-Cup 1981/82

1. Runde, Hinspiel
am 16. 9. 1981
1. FC Magdeburg – Bor. M'Gladbach 3:1 (2:0)
Kleff, Bruns, Fleer, Ringels, Schäffer, Matthäus, Rahn, Veh, Pinkall, Mill, Wuttke (75. Loontiens)
Z.: 32.000, SR: McGinlay (Sco), Tore: 1:0 Hoffmann (38.), 2:0 Streich (41.), 2:1 Mill (52.), 3:1 Matthäus (57., ET)

1. Runde, Rückspiel
am 30. 9. 1981
Borussia M'Gladbach – 1. FC Magdeburg 2:0 (0:0)
Kleff, Hannes, Fleer, Ringels, Schäffer, Matthäus, Schäfer, Bruns, Pinkall, Mill., Wuttke
Z.: 38.500, SR: Bridges (Wal), Tore: 1:0 Pinkall (65.), 2:0 Matthäus (84.)

2. Runde, Hinspiel
am 21. 10. 1981
Borussia M'Gladbach – Dundee United 2:0 (0:0)
Kleff, Hannes, Fleer, Ringels, Schäffer, Matthäus, Rahn (70. Veh), Bruns, Pinkall, Mill., Wuttke
Z.: 31.000, SR: Rainea (Rom), Tore: 1:0 Schäffer (70.), 2:0 Hannes (86.)

2. Runde, Rückspiel
am 4. 11. 1981
Dundee United – Bor. M'Gladbach 5:0 (2:0)
Kleff, Ringels, Hannes, Matthäus, Fleer, Schäffer, Wuttke, Veh (56. Schäfer), Bruns, Mill, Pinkall
Z.: 17.000, SR: Eriksson (Swe), Tore: 1:0 Milne (36.), 2:0 Kirkwood (44.), 3:0 Sturrock (51.), 4:0 Hegarty (75.), 5:0 Bannon (76.)

Bayern München

Europapokal der Pokalsieger 1984/85

1. Runde, Hinspiel
am 19. 9. 1984
Bayern München – FK Moss 4:1 (1:1)
Aumann, Dürnberger, Augenthaler, Eder, Pflügler, Del'Haye, Kögl, Nachtweih, Matthäus, M. Rummenigge (74. Grünwald), Wohlfarth
Z.: 5.000, SR: Czermarmaszovicz (Pol), Tore: 0:1 Kollshaugen (2.), 1:1, 2:1 Pflügler

(31., 54.), 3:1 Wohlfarth (69.), 4:1 Nachtweih (77.)
Rote Karte: Matthäus

Viertelfinale, Hinspiel
am 6. 3. 1985
Bayern München –
AS Rom 2:0 (1:0)
Pfaff, Dremmler, Augenthaler, Eder, Willmer, Nachtweih, Hoeneß, Matthäus, Lerby, Mathy (74. Kögl), Wohlfarth
Z.: 60.000, SR: Courtney (Eng), Tore: 1:0 Augenthaler (44.), 2:0 Hoeneß (77.)

Viertelfinale, Rückspiel
am 20. 3. 1985
AS Rom –
Bayern München 1:2 (0:1)
Pfaff, Dremmler, Augenthaler, Eder, Willmer, Nachtweih, Matthäus, Lerby, Pflügler, Mathy, Hoeneß (68. Kögl)
Z.: 55.000, SR: Christov (ČSSR), Tore: 0:1 Matthäus (32., Elfm.), 1:1 Nela (79.), 1:2 Kögl (80.)

Halbfinale, Hinspiel
am 10. 4. 1985
Bayern München –
FC Everton 0:0
Pfaff, Dremmler, Augenthaler, Eder, Willmer, Matthäus, Lerby, Pflügler, K.-H. Rummenigge, Hoeneß, Kögl
Z.: 67.000, SR: Bergamo (Ita).

Halbfinale, Rückspiel
am 24. 4. 1985
FC Everton –
Bayern München 3:1 (0:1)
Pfaff, Dremmler, Augenthaler, Eder (73. K.-H. Rummenigge), Willmer (66. Beierlorzer), Nachtweih, Matthäus, Lerby, Pflügler, Hoeneß, Kögl
Z.: 50.000, SR: Frederiksson (Swe), Tore: 0:1 Hoeneß (38.), 1:1 Sharp (48.), 2:1 Gray (73.), 3:1 Stevens (86.)

Europapokal der Landesmeister 1985/86

1. Runde, Hinspiel
am 18. 9. 1985
Gornik Zabrze –
Bayern München 1:2 (1:1)
Pfaff, Winklhofer, Eder, Augenthaler, Pflügler, Dremmler, Lerby, Matthäus (56. Beierlorzer), Wohlfarth, Hoeneß, K.-H. Rummenigge
Z.: 55.000, SR: Biguet (Fra), Tore: 0:1 Wohlfarth (20.), 1:1 Palacz (32.), 1:2 Hoeneß (82.)

Viertelfinale, Hinspiel
am 5. 3. 1986
Bayern München –
RSC Anderlecht 2:1 (2:0)
Aumann, Augenthaler, Nachtweih, Eder, Pflügler, Matthäus, Lerby, Willmer, Wohlfarth, Hoeneß (71. Hartmann), K.-H. Rummenigge
Z.: 23.000, SR: Hackett (Eng), Tore: 1:0 Hoeneß (14.), 2:0 Wohlfarth (32.), 2:1 Andersen (72.)

Viertelfinale, Rückspiel
am 19. 3. 1986
RSC Anderlecht –
Bayern München 2:0 (2:0)
Pfaff, Augenthaler, Eder, Nachtweih, Pflügler, Matthäus, Lerby, Willmer (74. Kögl), K.-H. Rummenigge (59. Hartmann), Hoeneß, Wohlfarth
Z.: 42.000, SR: Martinez (Esp), Tore: 1:0 Scifo (39.), 2:0 Friman (45.)

Europapokal der Landesmeister 1986/87

1. Runde, Hinspiel
am 17. 9. 1986
PSV Eindhoven –
Bayern München 0:2 (0:0)
Pfaff, Nachtweih, Eder, Pflügler, Flick, Mathy, Brehme, Matthäus, K.-H. Rummenigge, Willmer, Wohlfarth
Z.: 29.000, SR: Valentine (Sco), Tore: 0:1, 0:2 Mathy (80., 90.)

1. Runde, Rückspiel
am 1. 10. 1986
Bayern München –
PSV Eindhoven 0:0
Pfaff, Augenthaler, Nachtweih, Eder, Pflügler, Flick, Dorfner (72. Kögl), Matthäus, K.-H. Rummenigge, Willmer (78. Bayerschmidt), Wohlfarth
Z.: 32.000, SR: Vautrot (Fra).
Van Breukelen hält Elfmeter von Matthäus (55.)

Achtelfinale, Hinspiel
am 22. 10. 1986
Bayern München –
Austria Wien 2:0 (1:0)
Pfaff, Augenthaler, Nachtweih, Eder, Pflügler, Flick, Brehme, Matthäus, K.-H. Rummenigge (89. Kögl), Mathy, Wohlfarth
Z.: 48.000, SR: Christov (ČSSR), Tore: 1:0 Flick (44.), 2:0 Matthäus (73., Elfm.)

Achtelfinale, Rückspiel
am 5. 11. 1986
Austria Wien –
Bayern München 1:1 (0:1)
Pfaff, Augenthaler, Nachtweih, Eder, Pflügler, Flick, Brehme, Matthäus, K.-H. Rummenigge, Mathy (7. Hoeneß), Wohlfarth
Z.: 50.000, SR: Ponnet (Bel), Tore: 0:1 Wohlfarth (34.), 1:1 Polster (59.)

Viertelfinale, Rückspiel
am 18. 3. 1987
RSC Anderlecht –
Bayern München 2:2 (1:0)
Pfaff, Augenthaler (62. Winklhofer), Nachtweih, Eder, Pflügler, Dorfner, Brehme (62. Lunde), Matthäus, K.-H. Rummenigge, Hoeneß, Wohlfarth
Z.: 35.000, SR: Bridges (Wal), Tore: 1:0 Lozano (32.), 1:1 Wohlfarth (56.), 2:1 Nilis (75.), 2:2 Matthäus (80.)

Halbfinale, Hinspiel
am 8. 4. 1987
Bayern München –
Real Madrid 4:1 (3:1)
Pfaff, Augenthaler, Nachtweih, Eder, Pflügler, Dorfner, Brehme, Matthäus, K.-H. Rummenigge (69. Lunde), Hoeneß, Wohlfarth
Z.: 75.000, SR: Valentine (Sco), Tore: 1:0 Augenthaler (11.), 2:0 Matthäus (30., Elfm.), 3:0 Wohlfarth (37.), 3:1 Butragueno (45.), 4:1 Matthäus (53., Elfm.)
Rote Karten: Juanito, Mino (Real, 40., 73.)

Finale am 27. Mai 1987 in Wien
Bayern München –
FC Porto 1:2 (1:0)
Pfaff, Nachtweih, Eder, Winklhofer, Pflügler, Flick (82. Lunde), Matthäus, Brehme, K.-H. Rummenigge, Hoeneß, Kögl
Z.: 58.000, SR: Ponnet (Bel), Tore: 1:0 Kögl (25.), 1:1 Madjer (77.), 1:2 Juary (79.)

Europapokal der Landesmeister 1987/88

Achtelfinale, Hinspiel
am 21. 10. 1987
Xamax Neuchatel –
Bayern München 2:1 (1:0)
Pfaff, Flick, Nachtweih, Eder, Pflügler, Brehme, Dorfner, Matthäus, K.-H. Rummenigge (68. Lunde), Wohlfarth, Kögl
Z.: 22.000, SR: Mulder (NL), Tore: 1:0 Lüthi (28.), 1:1 Matthäus (47.), 2:1 Sutter (51.)

Achtelfinale, Rückspiel
am 4. 11. 1987
Bayern München –
Xamax Neuchatel 2:0 (0:0)
Pfaff, Flick, Nachtweih, Eder, Pflügler, Brehme (65. Augenthaler), Dorfner, Matthäus, K.-H. Rummenigge (46. Kögl), Wohlfarth, Wegmann
Z.: 28.000, SR: Butenko (SU), Tore: 1:0 Pflügler (88.), 2:0 Wegmann (90.)
Matthäus verschießt Elfm. (59.)

Viertelfinale, Hinspiel
am 2. 3. 1988
Bayern München –
Real Madrid 3:2 (2:0)
Pfaff, Flick, Nachtweih, Eder, Pflügler, Brehme, Augenthaler, Matthäus, Hughes, Wohlfarth, Kögl
Z.: 70.000, SR: Casarin (Ita), Tore: 1:0 Pflügler (39.), 2:0 Eder (45.), 3:0 Wohlfarth (47.), 3:1 Butragueno (88.), 3:2 Sanchez (90.)

Viertelfinale, Rückspiel
am 16. 3. 1988
Real Madrid –
Bayern München 2:0 (2:0)
Pfaff, Flick, Eder, Pflügler, Brehme, Augenthaler, Winklhofer (56.K.-H. Rummenigge), Matthäus, Hughes, Wohlfarth, Kögl (70. Eck)
Z.: 90.000, SR: Ponnet (Bel), Tore: 1:0 Jankovic (26.), 2:0 Michel (41.)

FC Internazionale Milano

UEFA-Pokal 1988/89

1. Runde, Rückspiel
am 5. 10. 1988
IK Brage Borlänge – Inter Mailand 1:2 (1:1)
Zenga, Bergomi, Baresi, Brehme, Ferri, Mandorlini, Bianchi, Berti, Morello, Matthäus, Serena
Z.:8.650, SR: Scheurell (DDR), Tore: 0:1 Berti (10.), 1:1 Hällmann (45.), 1:2 Morello (77.)

2. Runde, Hinspiel
am 26. 10. 1988
Malmö FF – Inter Mailand 0:1 (0:0)
Zenga, Bergomi, Baresi, Brehme, Ferri, Mandorlini, Matteoli, Berti, Diaz (65. Bianchi), Matthäus, Serena
Z.: 14.200, SR: Stiegler (ČSSR), Tor: 0:1 Serena (82.)

2. Runde, Rückspiel
am 9. 11. 1988
Inter Mailand – Malmö FF 1:1 (1:0)
Zenga (73. Malgioglio), Bergomi, Bianchi, Brehme, Ferri, Mandorlini, Matteoli, Berti, Diaz, Matthäus, Serena
Z.: 45.940, SR: Bouillet (Fra), Tore: 1:0 Diaz (12.), 1:1 Nilsson (66.)

Achtelfinale, Hinspiel
am 23. 11. 1988
Bayern München – Inter Mailand 0:2 (0:0)
Zenga, Bergomi, Baresi, Brehme, Ferri, Verdelli, Matteoli, Berti, Bianchi, Matthäus, Serena
Z.: 70.000, SR: Ponnet (Bel), Tore: 0:1 Serena (60.), 0:2 Berti (71.)

Achtelfinale, Rückspiel
am 7. 12. 1988
Inter Mailand – Bayern München 1:3 (1:3)
Zenga, Bergomi, Baresi, Brehme, Ferri, Verdelli, Matteoli, Berti, Bianchi, Matthäus, Serena
Z.: 60.160, SR: Galler (Ch), Tore: 0:1 Wohlfarth (33.), 0:2 Augenthaler (38.), 0:3 Wegmann (40.), 1:3 Serena (45.)

Europapokal der Landesmeister 1989/90

1. Runde, Hinspiel
am 13. 9. 1989
Malmö FF – Inter Mailand 1:0 (0:0)
Zenga, Bergomi, Mandorlini, Brehme, Ferri, Verdelli, Matteoli, Klinsmann, Bianchi, Matthäus, Serena
Z.: 20.030, SR: Bouillet (Fra), Tor: 1:0 Lindmann (74.)

1. Runde, Rückspiel
am 27. 9. 1989
Inter Mailand – Malmö FF 1:1 (0:0)
Zenga, Bergomi, Mandorlini, Brehme, Ferri, Berti, Matteoli, Klinsmann, Bianchi, Matthäus, Serena
Z.: 54.810, SR: Kirschen (DDR), Tore: 1:0 Serena (70.), 1:1 Engkvist (80.)

UEFA-Pokal 1990/91

1. Runde, Hinspiel
am 19. 9. 1990
Rapid Wien – Inter Mailand 2:1 (0:1)
Zenga, Bergomi, Mandorlini, Brehme, Ferri, Berti, Battistini, Klinsmann, Bianchi, Matthäus (23. Pizzi), Serena (68. Baresi)
Z.: 12.000, SR: Quiniou (Fra), Tore: 0:1 Matthäus (5.), 1:1 Pfeifenberger (55.), 2:1 Weber (71.)

1. Runde, Rückspiel
am 3. 10. 1990
Inter Mailand – Rapid Wien 3:1 (2:1, 0:0) n. V.
Zenga, Bergomi, Brehme, Berti, Paganin, Battistini, Klinsmann, Pizzi (38. Mandorlini), Bianchi, Matthäus (118. Ferri), Serena
Z.: 27.647, SR: Courtney (Eng), Tore: 1:0, 2:0 Berti (80., 85.), 2:1 Fjörtoft (89.), 3:1 Klinsmann (102.)

2. Runde, Hinspiel
am 24. 10. 1990
Aston Villa – Inter Mailand 2:0 (1:0)
Zenga, Bergomi, Brehme, Berti, Ferri, Battistini, Stringara, Pizzi (71. Mandorlini), Klinsmann, Matthäus, Serena
Z.: 36.461, SR: Nemeth (Hun), Tore: 1:0 Nielsen (15.), 2:0 Platt (67.)

2. Runde, Rückspiel
am 7. 11. 1990
Inter Mailand – Aston Villa 3:0 (1:0)
Zenga, Bergomi, Brehme, Berti (81. Mandorlini), Ferri, Battistini (46. Paganin), Bianchi, Pizzi, Klinsmann, Matthäus, Serena
Z.: 75.585, SR: Spirin (SU), Tore: 1:0 Klinsmann (6.), 2:0 Berti (61.), 3:0 Bianchi (73.)

Achtelfinale, Hinspiel
am 28. 11. 1990
Inter Mailand – Partizan Belgrad 3:0 (1:0)
Zenga, Bergomi, Berti, Mandorlini, Ferri, Battistini, Paganin, Bianchi, Klinsmann, Matthäus, Serena
Z.: 63.071, SR: Kohl (Aut), Tore: 1:0 Matthäus (21.), 2:0 Mandorlini (47.), 3:0 Bianchi (68.)

Achtelfinale, Rückspiel
am 12. 12. 1990
Partizan Belgrad – Inter Mailand 1:1 (0:0)
Zenga, Bergomi, Baresi, Berti, Mandorlini, Ferri, Stringara, Tacchinardi, Bianchi, Klinsmann, Matthäus, Serena
Z.: 20.000, SR: Vautrot (Fra), Tore: 1:0 Stevanovic (64.), 1:1 Matthäus (66.)

Viertelfinale, Hinspiel
am 6. 3. 1991
Atalanta Bergamo – Inter Mailand 0:0
Zenga, Bergomi, Brehme (80. Baresi), Berti, Paganin, Ferri, Stringara, Battistini, Bianchi, Klinsmann, Matthäus, Serena
Z.: 24.000, SR: Forstinger.

Viertelfinale, Rückspiel
am 20. 3. 1991
Inter Mailand – Atalanta Bergamo 2:0 (0:0)
Zenga, Bergomi, Baresi, Berti, Paganin, Ferri, Battistini, Bianchi, Klinsmann, Matthäus, Serena
Z.: 58.454, SR: Rosa dos Santos (Por), Tore: 1:0 Serena (60.), 2:0 Matthäus (63.)

Halbfinale, Hinspiel
am 10. 4. 1991
Sporting Lissabon – Inter Mailand 0:0
Zenga, Bergomi, Brehme, Berti, Paganin, Ferri, Battistini, Bianchi, Klinsmann, Matthäus, Pizzi
Z.: 50.000, SR: Petrovic (Yug).

Halbfinale, Rückspiel
am 24. 4. 1991
Inter Mailand – Sporting Lissabon 2:0 (2:0)
Zenga, Bergomi, Baresi, Berti, Paganin, Ferri, Battistini, Bianchi, Klinsmann, Matthäus, Serena
Z.: 73.134, SR: Biguet (Fra), 1:0 Matthäus (15.), 2:0 Klinsmann (35.)

1. Finale
am 8. 5. 1991 in Mailand
Inter Mailand – AS Rom 2:0 (0:0)
Zenga, Bergomi, Brehme, Berti, Paganin (64. Baresi), Ferri, Battistini, Bianchi, Klinsmann, Matthäus, Serena (89. Pizzi)
Z.: 68.887, SR: Spirin (SU), Tore: 1:0 Matthäus (58.), 2:0 Berti (67.)

2. Finale
am 22. 5. 1991 in Rom
AS Rom – Inter Mailand 1:0 (0:0)
Zenga, Bergomi, Brehme, Berti, Paganin (64. Baresi), Ferri, Battistini, Bianchi, Klinsmann, Matthäus, Pizzi (66. Mandorlini)
Z.: 70.901, SR: Quiniou (Fra), Tor: 1:0 Rizzitelli (81.)

UEFA-Cup 1991/92

1. Runde, Hinspiel
am 18. 9. 1991
Boavista Porto – Inter Mailand 2:1 (1:0)
Zenga, Bergomi, Brehme, Ferri (56. Fontolan), D. Baggio, Montanari, Desideri (46. Berti), Battistini, Ciocci, Matthäus, Pizzi
Z.: 5.989, SR: Nemeth (Hun), Tore: 1:0 Brandao (36.), 2:0 Monteiro (57.), 2:1 Fontolan (69.)

1. Runde, Rückspiel
am 2. 10. 1991
Inter Mailand –
Boavista Porto 0:0
Zenga, Paganin, Bergomi, Brehme, Ferri, Desideri (59. Fontolan), Berti, Bianchi, Ciocci, Matthäus (88. D. Baggio), Klinsmann
Z.: 38.261, SR: Gunn (Sco).

Bayern München

UEFA-Cup 1993/94

1. Runde, Hinspiel
am 15. 9. 1993
Twente Enschede –
Bayern München 3:4 (0:2)
Aumann, Sternkopf, Ziege, Kreuzer, Matthäus, Münch, Nerlinger, Wouters, Schupp (75. Zickler), Witeczek, Scholl (80. Cerny).
Z.: 15.000, SR: Montero Coroado (Por), Tore: 0:1 Nerlinger (11.), 0:2 Ziege (27.), 1:2 Boerebach (65.), 1:3 Scholl (66.), 2:3 Polley (71.), 3:3 Vurens (72.), 3:4 Ziege (90.)

1. Runde, Rückspiel
am 29. 9. 1993
Bayern München –
Twente Enschede 3:0 (2:0)
Aumann, Jorginho, Ziege (63. Sternkopf), Kreuzer, Matthäus, Helmer, Nerlinger, Wouters, Schupp, Witeczek (59. Valencia), Scholl
Z.: 24.000, SR: Trentalange (Ita), Tore: 1:0 Matthäus (19.), 2:0 Zwijnenberg (45., ET), 3:0 Ziege (62.)

2. Runde, Hinspiel
am 19. 10. 1993
Bayern München –
Norwich City 1:2 (1:2)
Aumann, Jorginho, Ziege (60. Sternkopf), Kreuzer, Matthäus, Helmer, Nerlinger, Wouters, Witeczek, Valencia, Scholl (65. Labbadia)
Z.: 28.000, SR: Sundell (Swe), Tore: 0:1 Goss (12.), 0:2 Bowen (26.), 1:2 Nerlinger (41.)

2. Runde, Rückspiel
am 3. 11. 1993
Norwich City –
Bayern München 1:1 (0:1)
Aumann, Jorginho, Ziege, Kreuzer, Matthäus, Helmer, Nerlinger, Wouters (77. Sternkopf), Schupp, Witeczek (67. Scholl), Valencia
Z.: 20.643, SR: Van den Wijngaert (NL), Tore: 0:1 Valencia (5.), 1:1 Goss (51.)

Champions League 1994/95

Gruppenspiel
am 14. 9. 1994
Paris St. Germain –
Bayern München 2:0 (1:0)
Kahn, Jorginho, Ziege, Kreuzer, Matthäus, Helmer, Nerlinger, Schupp, Witeczek (59. Mazinho), Scholl (49. Hamann), Sutter
Z.: 36.924, SR: Elleray (Sco), Tore: 1:0 Weah (39.), 2:0 Bravo (80.)

Gruppenspiel
am 28. 9. 1994
Bayern München –
Dynamo Kiew 1:0 (1:0)
Kahn, Jorginho, Babbel, Ziege, Kreuzer, Matthäus, Nerlinger, Schupp, Witeczek (46. Papin), Scholl (64. Hamann), Sutter
Z.: 26.000, SR: Craciunescu, Tor: 1:0 Scholl (8.)

Gruppenspiel
am 19. 10. 1994
Spartak Moskau –
Bayern München 1:1 (0:0)
Kahn, Jorginho, Babbel, Ziege, Kreuzer, Matthäus, Nerlinger, Frey, Zickler, Scholl, Sutter (64. Sternkopf)
Z.: 20.000, SR: Goethals (Bel), Tore: 1:0 Pisarev (77.), 1:1 Babbel (90.)

Gruppenspiel
am 2. 11. 1994
Bayern München –
Spartak Moskau 2:2 (2:2)
Kahn, Jorginho, Kuffour, Ziege, Kreuzer, Matthäus, Nerlinger, Schupp (64. Hamann), Scholl (53. Frey), Witeczek, Zickler
Z.: 31.000, SR: van der Ende (NL), Tore: 0:1 Tikhonov (4.), 1:1 Nerlinger (28.), 1:2 Alenitchev (32.), 2:2 Kuffour (36.)

Gruppenspiel
am 23. 11. 1994
Bayern München –
Paris St. Germain 0:1 (0:0)
Kahn, Jorginho, Babbel, Helmer, Matthäus, Nerlinger, Frey, Schupp (62. Hamann), Papin (69. Zickler), Scholl, Sutter
Z.: 46.000, SR: Diaz Vega (Esp), Tor: 0:1 Weah (79.)

Gruppenspiel
am 7. 12. 1994
Dynamo Kiew –
Bayern München 1:4 (1:1)
Scheuer, Jorginho, Babbel, Helmer, Ziege, Matthäus (73. Frey), Nerlinger, Frey, Hamann, Papin, Sutter (79. Scholl)
Z.: 25.000, SR: Krondl (CZ), Tore: 1:0 Shevchenko (38.), 1:1 Nerlinger (45.), 1:2, 1:3 Papin (57., 82.), 1:4 Scholl (84.)

UEFA-Pokal 1995/96

Achtelfinale, Hinspiel
am 21. 11. 1995
Bayern München –
Benfica Lissabon 4:1 (3:1)
Kahn, Matthäus (68. Witeczek), Babbel (43. Kreuzer), Helmer, Hamann, Zickler (83. Kostadinov), Strunz, Sforza, Ziege, Klinsmann, Scholl.
Z.: 30.000, SR: Gallagher (Eng), Tore: 1:0 Klinsmann (26.), 1:1 Dimas (30.), 2:1, 3:1, 4:1 Klinsmann (31., 44., 46.)

Achtelfinale, Rückspiel
am 5. 12. 1995
Benfica Lissabon –
Bayern München 1:3 (1:1)
Kahn, Matthäus (55. Kostadinov), Kreuzer, Helmer (87. Grill), Zickler, Frey, Sforza, Nerlinger, Witeczek, Klinsmann, Scholl (75. Herzog).
Z.: 20.000, SR: Mikkelsen (Dk), Tore: 1:0 Valdo (14.), 1:1, 1:2 Klinsmann (32., 68.), 1:3 Herzog (83.)

Viertelfinale, Hinspiel
am 5. 3. 1996
Bayern München –
Nottingham Forest 2:1 (2:1)
Kahn, Matthäus, Kreuzer, Helmer, Nerlinger, Zickler, Strunz, Sforza, Ziege, Klinsmann, Scholl.
Z.: 38.000, SR: Lopez Nieto (Esp), Tore: 1:0 Klinsmann (16.), 1:1 Chettle (17.), 2:1 Scholl (44.)

Viertelfinale, Rückspiel
am 19. 3. 1996
Nottingham Forest –
Bayern München 1:5 (0:2)
Kahn, Matthäus, Babbel, Helmer (80. Kreuzer), Zickler, Strunz (61. Frey), Sforza (46. Nerlinger), Herzog, Ziege, Klinsmann, Papin.
Z.: 28.844, SR: Ceccarini (Ita), Tore: 0:1 Ziege (30.), 0:2 Strunz (43.), 0:3 Klinsmann (65.), 0:4 Papin (73.), 0:5 Klinsmann (79.), 1:5 Stone (85.)

Halbfinale, Hinspiel
am 2. 4. 1996
Bayern München –
F. C. Barcelona 2:2 (0:1)
Kahn, Matthäus, Kreuzer (46. Sforza), Babbel, Helmer, Nerlinger, Herzog (46. Witeczek), Ziege, Klinsmann, Scholl, Papin.
Z.: 63.000, SR: Piraux (Fra), Tore: 0:1 Oscar (14.), 1:1 Witeczek (52.), 2:1 Scholl (57.), 2:2 Hagi (77.)

1. Finale
am 1. 5. 1996 in München
Bayern München –
Girondins Bordeaux 2:0 (1:0)
Kahn, Matthäus (54. Frey), Kreuzer, Babbel, Helmer, Hamann, Sforza, Ziege, Klinsmann, Scholl, Papin (69. Witeczek).
Z.: 63.000, SR: Muhmenthaler (Ch), Tore: 1:0 Helmer (34.), 2:0 Scholl (60.)

2. Finale
am 15. 5. 1996 in Bordeaux
Girondins Bordeaux –
Bayern München 1:3 (0:0)
Kahn, Matthäus, Babbel, Helmer, Strunz, Frey (60. Zickler), Sforza, Ziege, Klinsmann, Scholl, Kostadinov (75. Witeczek).
Z.: 36.000, SR: Shuk (BLR), Tore: 0:1 Scholl (53.), 0:2 Kostadinov (66.), 1:2 Dutuel (76.), 1:3 Klinsmann (78.)

UEFA-Cup 1996/97

1. Runde, Hinspiel
am 10. 9. 1996
FC Valencia – Bayern München 3:0 (2:0)
Kahn – Kreuzer (56. Zickler), Matthäus, Münch – Hamann (72. Witeczek), Strunz, Nerlinger, Ziege – Scholl – Klinsmann, Rizzitelli (79. Jancker)
Z.: 40.000, SR: Pairetto (Ita), Tore: 1:0 Engonga (20., Foulelfmeter), 2:0 Lopez (27.), 3:0 Moya (48.)

1. Runde, Rückspiel
am 24. 9. 1996
Bayern München– FC Valencia 1:0 (1:0)
Kahn – Babbel (66. Witeczek), Kuffour, Matthäus, Ziege – Basler (66. Hamann), Strunz, Nerlinger, Scholl – Klinsmann, Rizzitelli (86. Kreuzer)
Z.: 44.000, SR: Levnikov (Ruß), Tor: 1:0 Navarro (3., ET)

Champions League 1997/98

Gruppenspiel am 17. 9. 1997
Bayern München – Besiktas Istanbul 2:0 (1:0)
Kahn – Matthäus – Babbel, Helmer – Basler (88. Lizarazu), Hamann, Scholl, Strunz, Tarnat – Rizzitelli (52. Fink), Elber (82. Jancker)
Z.: 22.000, SR: Nielsen (DK), Tore: 1:0 Helmer (3.), 2:0 Basler (70.)

Gruppenspiel am 26.11. 1997
Besiktas Istanbul – Bayern München 0:2 (0:2)
Kahn – Matthäus – Kuffour, Helmer – Fink (88. Babbel), Hamann, Scholl (83. Zickler), Nerlinger, Tarnat – Elber, Jancker (82. Rizzitelli)
Z.: 26.000, SR: Meier (Ch), Tore: 0:1 Jancker (5.), 0:2 Helmer (31.)

Gruppenspiel am 10.12. 1997
Bayern München – IFK Göteborg 0:1 (0:0)
Kahn – Matthäus – Babbel, Helmer (21. Nerlinger) – Zickler (62. Gerster), Hamann, Scholl, Fink, Tarnat – Jancker, Rizzitelli (62. Elber)
Z.: 27.000, SR: Braschi (Ita), Tor: 0:1 Babbel (51., Eigentor) Bes. Vorkommnis: Ravelli (IFK) hält Foulelfm. von Scholl (68.)

Viertelfinale, Hinspiel
am 4. 3. 1998
Bayern München – Borussia Dortmund 0:0
Kahn – Matthäus (75. Fink) – Babbel, Helmer – Basler, Hamann, Nerlinger, Tarnat – Scholl (71. Strunz) – Elber, Jancker Z.: 60.000, SR: Collina (Ita), Tore: –

Viertelfinale, Rückspiel
am 18. 3. 1998
Borussia Dortmund – Bayern München 1:0 (0:0) n. V.
Kahn – Matthäus (110. Strunz) – Babbel, Kuffour – Hamann, Nerlinger (110. Lizarazu), Fink, Tarnat – Scholl – Jancker, Elber (101. Zickler)
Z.: 48.500, SR: Vagner (Ung), Tor: 1:0 Chapuisat (109.)

Champions League 1998/99

Qualifikation, Hinspiel
am 12. 8. 1998
Bayern München – FK Obilic 4:0 (0:0)
Kahn – Matthäus – Babbel, Linke – Strunz, Fink, Effenberg (77. Lizarazu), Tarnat (57. Jancker) – Basler (57. Zickler), Elber, Salihamidzic
Z.: 37.000, SR: Hauge (Nor), Tore: 1:0 Effenberg (59.), 2:0 Elber (63.), 3:0 Zickler (65.), 4:0 Fink (76.)

Qualifikation, Rückspiel
am 26. 8. 1998
FK Obilic – Bayern München 1:1 (0:0)
Kahn – Matthäus – Linke, Helmer – Strunz, Jeremies, Tarnat – Salihamidzic, Effenberg (82. Fink) – Jancker (65. Zickler), Elber (65. Daei)
Z.: 8.500, SR: Lopez-Nieto (Esp), Tore: 1:0 Sarac (68.), 1:1 Matthäus (89.)

Gruppenspiel am 19. 9. 1998
Bröndby IF – Bayern München 2:1 (0:0)
Kahn – Matthäus – Babbel, Helmer – Basler (73. Zickler), Strunz (73. Jeremies), Fink, Lizarazu – Effenberg – Elber, Jancker (76. Salihamidzic)
Z.: 30.378, SR: Vagner (Ung), Tore: 0:1 Babbel (76.), 1:1 Helmer (87., ET), 2:1 Ravn (90.)

Gruppenspiel am 30. 9. 1998
Bayern München – Manchester United 2:2 (1:1)
Kahn – Matthäus – Babbel, Linke – Strunz, Effenberg, Jeremies (82. Fink), Lizarazu – Salihamidzic (63. Göktan), Elber, Jancker (63. Daei)
Z.: 55.000, SR: Batta (Ch), Tore: 1:0 Elber (11.), 1:1 Yorke (30.), 1:2 Scholes (49.), 2:2 Sheringham (90., ET)

Gruppenspiel am 4.11. 1998
FC Barcelona – Bayern München 1:2 (1:0)
Kahn – Matthäus – Babbel, Kuffour – Basler (64. Salihamdzic), Fink, Tarnat (75. Strunz), Lizarazu – Effenberg – Zickler (64. Daei), Elber
Z.: 102.000, SR: Collina (Ita), Tore: 1:0 Giovanni (29., Foulelfmeter), 1:1 Zickler (48.), 1:2 Salihamidzic (87.)

Gruppenspiel am 25.11. 1998
Bayern München – Bröndby IF 2:0 (0:0)
Kahn – Matthäus – Babbel, Kuffour – Strunz, Jeremies (70. Fink), Tarnat, Lizarazu – Basler, Elber (84. Salihamidzic), Zickler (46. Jancker)
Z.: 34.000, SR: Sarvan Oguz (Tur), Tore: 1:0 Jancker (51.), 2:0 Basler (57.)

Gruppenspiel am 9. 12. 1998
Manchester United – Bayern München 1:1 (1:0)
Kahn – Matthäus (61. Linke) – Babbel, Kuffour – Strunz, Jeremies, Lizarazu – Zickler (82. Basler), Effenberg, Salihamidzic – Elber (Jancker)
Z.: 54.434, SR: Jol (NL), Tore: 1:0 Keane (43.), 1:1 Salihamidzic (56.)

Viertelfinale, Hinspiel
am 3. 3. 1999
Bayern München – Kaiserslautern 2:0 (2:0)
Kahn – Matthäus (46. Tarnat) – Babbel, Linke – Strunz (75. Zickler), Jeremies, Effenberg, Lizarazu – Basler (83. Salihamidzic), Elber, Jancker
Z.: 54.000, SR: Levnikov (Ruß), Tore: 1:0 Elber (31.), 2:0 Effenberg (35.)

Viertelfinale, Rückspiel
am 17. 3. 1999
Kaiserslautern – Bayern München 0:4 (0:3)
Kahn – Matthäus – Kuffour, Linke – Babbel, Jeremies (Fink), Effenberg (46. Scholl), Lizarazu – Basler (72. Salihamidzic), Jancker, Zickler
Z.: 30.158, SR: Meier (Ch), Tore: 0:1 Effenberg (8., Foulelfmeter), 0:2, 0:3 Jancker (22., 39.), 0:4 Basler (56.)

Halbfinale, Hinspiel
am 7. 4. 1999
Dynamo Kiew – Bayern München 3:3 (2:1)
Kahn – Matthäus – Babbel, Kuffour – Strunz, Jeremies, Effenberg, Tarnat – Scholl (72. Zickler), Jancker (90. Daei), Salihamidzic
Z.: 82.000, SR: Nielsen (Dänemark), Tore: 1:0, 2:0 Shevchenko (16., 43.), 2:1 Tarnat (45.), 3:1 Kossovskyi (50.), 3:2 Effenberg (78.), 3:3 Jancker (88.)

Halbfinale, Rückspiel
am 21. 4. 1999
Bayern München – Dynamo Kiew 1:0 (1:0)
Kahn – Matthäus – Babbel, Kuffour, Linke – Basler, Jeremies, Effenberg, Tarnat (84. Fink) – Zickler (75. Salihamidzic), Jancker (75. Daei)
Z.: 60.000, SR: Nielsen (DK), Tor: 1:0 Basler (35.)

Finale am 26. 5. 1999
in Barcelona
Bayern München – Manchester United 1:2 (1:0)
Kahn – Matthäus (80. Fink) – Babbel, Kuffour, Linke – Basler (90. Salihamidzic), Jeremies, Effenberg, Tarnat – Zickler (71. Scholl), Jancker
Z.: 90.245, SR: Collina (Ita), Tore: 1:0 Basler (6.), 1:1 Sheringham (90.), 1:2 Solskjaer (90.)

Champions League 1999/00

Gruppenspiel, 1. Phase
am 15. 9. 1999
Bayern München – PSV Eindhoven 2:1 (1:0)
Kahn – Matthäus – Kuffour, Andersson – Strunz, Jeremies, Effenberg, Lizarazu – Sergio (79. Zickler), Santa Cruz (68. Jancker), Scholl (87. Salihamidzic)
Z.: 30.000, SR: Veissiere (Fra), Tore: 1:0 Sergio (11.), 1:1 Khokhlov (59.), 2:1 Sergio (69.)

Gruppenspiel, 1. Phase
am 21. 9. 1999
Glasgow Rangers – Bayern München 1:1 (1:0)
Wessels – Matthäus (80. Zickler) – Kuffour, Linke – Salihamidzic, Jeremies, Effenberg, Tarnat, Lizarazu (68. Jancker) – Elber (72. Santa Cruz), Scholl
Z.: 49.960, SR: Wojcik (Pol), Tore: 1:0 Albertz (22.), 1:1 Tarnat (90.)

Gruppenspiel, 1. Phase
am 28. 9. 1999
Bayern München – FC Valencia 1:1 (1:0)
Kahn – Matthäus – Kuffour, Linke – Salihamidzic, Jeremies, Effenberg, Tarnat – Zickler (46. Santa Cruz), Elber (62. Jancker), Scholl
Z.: 35.000, SR: Cesari (Ita), Tore: 1:0 Elber (5.), 1:1 Gerard (80.)

Gruppenspiel, 1. Phase
am 20.10. 1999
Bayern München – FC Valencia 1:1 (1:1)
Kahn – Matthäus – Kuffour, Linke – Babbel, Jeremies, Effenberg, Lizarazu – Zickler (75. Salihamidzic), Elber (81. Jancker), Sergio
Z.: 44.000, SR: Frisk (Swe), Tore: 1:0 Ilie (11.), 1:1 Effenberg (18., Foulelfmeter)

Gruppenspiel, 1. Phase
am 26.10. 1999
PSV Eindhoven – Bayern München 2:1 (1:0)
Wessels – Matthäus – Babbel (68. Salihamidzic), Andersson, Linke – Jeremies, Effenberg, Lizarazu – Zickler (74. Jancker), Elber, Sergio (26. Santa Cruz)
Z.: 29.003, SR: Durkin (Eng), Tore: 1:0 van Nistelrooy (40.), 1:1 Santa Cruz (51.), 2:1 Nilis (57.)

Gruppenspiel, 1. Phase
am 3. 11. 1999
Bayern München – Glasgow Rangers 1:0 (1:0)
Kahn – Matthäus – Babbel, Linke – Strunz, Fink, Effenberg (74. Tarnat), Lizarazu – Santa Cruz (66. Sergio), Elber, Scholl (66. Salihamidzic)
Z.: 54.000, SR: Melo Pereira (Por), Tor: 1:0 Strunz (32., Foulelfmeter)

Gruppenspiel, 2. Phase
am 7.12. 1999
Bayern München – Dynamo Kiew 2:1 (1:0)
Kahn – Matthäus – Babbel, Kuffour, Linke – Salihamidzic, Fink, Tarnat – Santa Cruz (75. Zickler), Jancker, Sergio (90. Wiesinger)
Z.: 18.000, SR: Dallas (Eng), Tore: 1:0 Jancker (6.), 1:1 Rebrov (50.), 2:1 Sergio (80.)

Gruppenspiel, 2. Phase
am 29. 2. 2000
Real Madrid – Bayern München 2:4 (1:3)
Kahn – Matthäus – Babbel (62.Linke), Kuffour – Salihamidzic, Fink, Effenberg, Lizarazu – Sergio, Elber (86. Santa Cruz), Scholl (74. Tarnat)
Z.: 55.000, SR: Nielsen (DK), Tore: 0:1 Scholl (21.), 0:2 Effenberg (24.), 1:2 Morientes (25.), 1:3 Fink (39.), 2:3 Raúl (48.), 2:4 Sergio (66.)

Gruppenspiel, 2. Phase
am 29. 2. 2000
Bayern München – Real Madrid 4:1 (2:0)
Kahn – Matthäus (90. Andersson) – Linke, Kuffour – Salihamidzic, Fink, Effenberg, Lizarazu – Sergio, Elber (74. Zickler), Scholl (88. Wiesinger)
Z.: 63.000, SR: Jol (NL), Tore: 1:0 Scholl (4.), 2:0 Elber (30.), 2:1 Helguera (69.), 3:1, 4:1 Zickler (79., 90.)

Seine Karriere in Italien

Inter Mailand 1988/89

2. Spieltag: 16. 10. 1988
Inter – Pisa 4:1 (0:1)
4:1 Matthäus (88.)

3. Spieltag: 23. 10. 1988
Verona – Inter 0:0

4. Spieltag: 30. 10. 1988
Inter – Roma 2:0 (1:0)

5. Spieltag: 6. 11. 1988
Inter – Sampdoria 1:0 (1:0)

6. Spieltag: 20. 11. 1988
Como – Inter 1:2 (0:1)

7. Spieltag: 27. 11. 1988
Inter – Cesena 1:0 (1:0)

8. Spieltag: 4. 12. 1988
Pescara – Inter 0:2 (0:0)
0:2 Matthäus (80.)

9. Spieltag: 11. 12. 1988
Milan – Inter 0:1 (0:1)

10. Spieltag: 18. 12. 1988
Inter – Juve 1:1 (1:0)

11. Spieltag: 31. 12. 1988
Lecce – Inter 0:3 (0:0)

12. Spieltag: 8. 1. 1989
Inter – Bologna 1:0 (0:0)

13. Spieltag: 15. 1. 1989
Napoli – Inter 0:0

14. Spieltag: 22. 1. 1989
Inter – Lazio 1:0 (1:0)

15. Spieltag: 29. 1. 1989
Atalanta – Inter 1:1 (0:0)

16. Spieltag: 5. 2. 1989
Inter – AC Turin 2:0 (2:0)

17. Spieltag: 12. 2. 1989
Florenz – Inter 4:3 (1:1)
0:1 Matthäus (13.)

18. Spieltag: 19. 2. 1989
Inter – Ascoli 3:1 (2:0)

19. Spieltag: 26. 2. 1989
Pisa – Inter 0:3 (0:2)

20. Spieltag: 5. 3. 1989
Inter – Verona 1:0 (0:0)

21. Spieltag: 12. 3. 1989
Roma – Inter 0:3 (0:2)
0:1 Matthäus (12.)

22. Spieltag: 19. 3. 1989
Sampdoria – Inter 0:1 (0:0)

23. Spieltag: 2. 4. 1989
Inter – Como 4:0 (1:0)
2:0, 3:0 Matthäus (71., 77.)

24. Spieltag: 9. 4. 1989
Cesena – Inter 1:2 (0:1)

25. Spieltag: 16. 4. 1989
Inter – Pescara 2:1 (2:0)

26. Spieltag: 30. 4. 1989
Inter – Milan 0:0

27. Spieltag: 7. 5. 1989
Juve – Inter 1:1 (1:0)

28. Spieltag: 14. 5. 1989
Inter – Lecce 2:0 (2:0)

29. Spieltag: 21. 5. 1989
Bologna – Inter 0:6 (0:1)
0:1 Matthäus (31.)

30. Spieltag: 28. 5. 1989
Inter – Napoli 2:1 (0:1)
2:1 Matthäus (83.)

31. Spieltag: 4. 6. 1989
Lazio – Inter 1:3 (0:0)

32. Spieltag: 11. 6. 1989
Inter – Atalanta 4:2 (0:1)
1:1 Matthäus (49.)

34. Spieltag: 25. 6. 1989
Inter – Florenz 2:0 (0:0)

Bilanz Matthäus:
32 Spiele/9 Tore

Bilanz Inter:
1. Platz, 58:10 Punkte

Inter Mailand 1989/90

2. Spieltag: 3. 9. 1989
Bologna – Inter 2:2
3. Spieltag: 6. 9. 1989
Inter – Lecce 2:1
4. Spieltag: 10. 9. 1989
Sampdoria – Inter 2:0
5. Spieltag: 17. 9. 1989
Inter – Juve 2:1
1:0 Matthäus
6. Spieltag: 24. 9. 1989
Ascoli – Inter 0:1
7. Spieltag: 1. 10. 1989
Inter – Roma 3:0
1:0, 3:0 Matthäus
8. Spieltag: 8. 10. 1989
Inter – Bari 1:1
9. Spieltag: 22. 10. 1989
Napoli – Inter 2:0
10. Spieltag: 29. 10. 1989
Inter – Lazio 3:0
16. Spieltag: 17. 12. 1989
Florenz – Inter 2:2
17. Spieltag: 30. 12. 1989
Inter – Udinese 2:0
1:0 Matthäus
18. Spieltag: 7. 1. 1990
Cremonese – Inter 0:1
19. Spieltag: 14. 1. 1990
Inter – Bologna 3:0
1:0, 2:0 Matthäus
20. Spieltag: 17. 1. 1990
Lecce – Inter 0:0
21. Spieltag: 21. 1. 1990
Inter – Sampdoria 2:0
1:0, 2:0 Matthäus
22. Spieltag: 28. 1. 1990
Juventus – Inter 1:0
24. Spieltag: 11. 2. 1990
Roma – Inter 1:1
26. Spieltag: 25. 2. 1990
Inter – Napoli 3:1
27. Spieltag: 4. 3. 1990
Lazio – Inter 2:1
28. Spieltag: 11. 3. 1990
Inter – Verona 0:0
29. Spieltag: 18. 3. 1990
Milan – Inter 1:3
0:3 Matthäus
30. Spieltag: 25. 3. 1990
Inter – Atalanta 7:2
3:1 Matthäus
31. Spieltag: 8. 4. 1990
Inter – Cesena 1:1
33. Spieltag: 22. 4. 1990
Inter – Florenz 2:0
34. Spieltag: 29. 4. 1990
Udinese – Inter 4:3
2:2 Matthäus

Bilanz Matthäus:
25 Spiele/11 Tore
Bilanz Inter:
3. Platz, 44:24 Punkte

Inter Mailand 1990/91

1. Spieltag: 9. 9. 1990
Cagliari – Inter 0:3 (0:0)
2. Spieltag: 16. 9. 1990
Inter – Bologna 1:0 (0:0)
5. Spieltag: 7. 10. 1990
Atalanta – Inter 1:1 (0:0)
1:1 Matthäus (90.)
6. Spieltag: 21. 10. 1990
Inter – Pisa 6:3 (3:0)
4:1, 5:3 Matthäus (55., 68.)
7. Spieltag: 28. 10. 1990
Juventus – Inter 4:2 (2:1)
2:1 Matthäus (34.)
8. Spieltag: 11. 11. 1990
Inter – Parma 2:1 (2:0)
2:0 Matthäus (37.)
9. Spieltag: 18. 11. 1990
Milan – Inter 0:1 (0:0)
10. Spieltag: 25. 11. 1990
Inter – Napoli 2:1 (0:0)
1:0 Matthäus (52.)
11. Spieltag: 2. 12. 1990
Bari – Inter 1:1 (1:1)
12. Spieltag: 9. 12. 1990
Cesena – Inter 1:5 (1:1)
1:2 Matthäus (51.)
13. Spieltag: 16. 12. 1990
Inter – Florenz 1:1 (0:1)
1:1 Matthäus (49.)
14. Spieltag: 30. 12. 1990
Sampdoria – Inter 3:1 (1:0)
15. Spieltag: 6. 1. 1991
Inter – Genua 93 2:1 (1:0)
1:0 Matthäus (16.)
16. Spieltag: 13. 1. 1991
Lazio – Inter 0:0
17. Spieltag: 20. 1. 1991
Inter – Lecce 5:0 (2:0)
2:0, 3:0 Matthäus (42., 47.)
18. Spieltag: 27. 1. 1991
Inter – Cagliari 1:1 (1:0)
19. Spieltag: 3. 2. 1991
Bologna – Inter 0:0
20. Spieltag: 10. 2. 1991
Inter – AC Turin 1:0 (1:0)
21. Spieltag: 17. 2. 1991
Roma – Inter 1:1 (0:0)
22. Spieltag: 24. 2. 1991
Inter – Atalanta 3:1 (1:1)
23. Spieltag: 3. 3. 1991
Pisa – Inter 0:1 (0:0)
24. Spieltag: 10. 3. 1991
Inter – Juve 2:0 (1:0)
1:0 Matthäus (36.)
26. Spieltag: 24. 3. 1991
Inter – Milan 0:1 (0:0)
27. Spieltag: 30. 3. 1991
Napoli – Inter 1:1 (0:0)
0:1 Matthäus (70.)
28. Spieltag: 6. 4. 1991
Inter – Bari 5:1 (1:0)
1:0 Matthäus (42.)
29. Spieltag: 14. 4. 1991
Inter – Cesena 2:0 (1:0)
2:0 Matthäus (80.)
30. Spieltag: 21. 4. 1991
Florenz – Inter 0:0
31. Spieltag: 5. 5. 1991
Inter – Sampdoria 0:2 (0:0)
32. Spieltag: 12. 5. 1991
Genua 93 – Inter 3:0 (1:0)
33. Spieltag: 18. 5. 1991
Inter – Lazio 2:0 (0:0)
34. Spieltag: 26. 5. 1991
Lecce – Inter 0:2 (0:0)
0:2 Matthäus (90.)

Bilanz Matthäus:
31 Spiele/16 Tore
Bilanz Inter:
3. Platz, 46:22 Punkte

Inter Mailand 1991/92

1. Spieltag: 1. 9. 1991
Inter – Foggia 1:1 (0:0)
2. Spieltag: 8. 9. 1991
Roma – Inter 0:1 (0:0)
0:1 Matthäus (85.)
3. Spieltag: 15. 9. 1991
Inter – Verona 2:0 (1:0)
4. Spieltag: 22. 9. 1991
Sampdoria – Inter 4:0 (1:0)
5. Spieltag: 29. 9. 1991
Lazio – Inter 0:1 (0:1)
6. Spieltag: 6. 10. 1991
Inter – Florenz 1:1 (0:0)
7. Spieltag: 20. 10. 1991
Cagliari – Inter 1:1 (1:1)
8. Spieltag: 27. 10. 1991
Inter – Napoli 0:0
9. Spieltag: 3. 11. 1991
AC Turin – Inter 0:0
10. Spieltag: 17. 11. 1991
Inter – Ascoli 2:1 (0:0)
11. Spieltag: 24. 11. 1991
Parma – Inter 1:1 (1:1)
12. Spieltag: 1. 12. 1991
Inter – Milan 1:1 (1:0)
13. Spieltag: 8. 12. 1991
Juventus – Inter 2:1 (1:0)
2:1 Matthäus (89.)
14. Spieltag: 15. 12. 1991
Inter – Genua 93 2:2 (1:0)
15. Spieltag: nachgeholt am 29. 1. 1992
Cremonese – Inter 0:1 (0:0)
16. Spieltag: 12. 1. 1992
Inter – Bari 1:0 (0:0)
17. Spieltag: 19. 1. 1992
Atalanta – Inter 1:0 (1:0)
18. Spieltag: 26. 1. 1992
Foggia – Inter 2:2 (0:1)
0:1 Matthäus (31.)
19. Spieltag: 2. 2. 1992
Inter – Roma 0:0
21. Spieltag: 16. 2. 1992
Inter – Sampdoria 0:0
22. Spieltag: 23. 2. 1992
Inter – Lazio 1:0 (1:0)
1:0 Matthäus (24.)
23. Spieltag: 1. 3. 1992
Florenz – Inter 1:1 (0:1)
24. Spieltag: 8. 3. 1992
Inter – Cagliari 0:0
25. Spieltag: 15. 3. 1992
Napoli – Inter 1:1 (1:0)
26. Spieltag: 28. 3. 1992
Inter – AC Turin 0:0
27. Spieltag: 5. 4. 1992
Ascoli – Inter 1:2 (1:1)
28. Spieltag: 12. 4. 1992
Inter – Parma 0:0
Hier: Kreuzbandriß Matthäus (33. Minute).

Bilanz Matthäus:
27 Spiele/4 Tore
Bilanz Inter:
8. Platz, 37:31 Punkte

Gesamtbilanz Matthäus
115 Spiele, 40 Tore

Seine Karriere in der Bundesliga

Borussia Mönchengladbach 1879/80

07. Spieltag: 22. 9. 1979
1. FC Kaiserslautern –
Bor. M'gladbach 4:2 (2:1)

08. Spieltag: 6. 10. 1979
Bor. M'gladbach –
Eintr. Frankfurt 4:1 (3:1)

09. Spieltag: 20. 10. 1979
1. FC Köln –
Bor. M'gladbach 4:4 (3:0)

10. Spieltag: 27. 10. 1979
Bor. M'gladbach –
Werder Bremen 2:1 (1:0)

11. Spieltag: 3. 11. 1979
Bayer Uerdingen –
Bor. M'gladbach 0:1 (0:1)

12. Spieltag: 10. 11. 1979
Bor. M'gladbach – TSV 1860
München 1:1 (1:0)

13. Spieltag: 16. 11. 1979
Borussia Dortmund –
Bor. M'gladbach 1:1 (0:1)

14. Spieltag: 24. 11. 1979
Bor. M'gladbach –
Fort. Düsseldorf 2:1 (2:1)

15. Spieltag: 1. 12. 1979
VfB Stuttgart –
Bor. M'gladbach 4:0 (2:0)

16. Spieltag: 8. 12. 1979
Bor. M'gladbach – Eintracht
Braunschweig 1:1 (1:1)
1:0 Matthäus (27.)

17. Spieltag: 15. 12. 1979
Bayer Leverkusen –
Bor. M'gladbach 0:0 (0:0)

18. Spieltag: 19. 1. 1980
FC Schalke 04 –
Bor. M'gladbach 1:0 (0:0)

19. Spieltag: 26. 1. 1980
Bor. M'gladbach –
Hamburger SV 2:2 (1:2)

20. Spieltag: 2. 2. 1980
Bor. M'gladbach –
VfL Bochum 3:2 (0:2)

21. Spieltag: 9. 2. 1980
Bayern München –
Bor. M'gladbach 3:1 (2:1)

22. Spieltag: 23. 2. 1980
Bor. M'gladbach –
Hertha BSC 4:1 (2:1)

23. Spieltag: 1. 3. 1980
MSV Duisburg –
Bor. M'gladbach 3:0 (2:0)

24. Spieltag: 8. 3. 1980
Bor. M'gladbach –
1. FC Kaisersl. 0:3 (0:2)

25. Spieltag: 15. 3. 1980
Eintracht Frankfurt –
Bor. M'gladbach 5:2 (3:2)

26. Spieltag: 22. 3. 1980
Bor. M'gladbach –
1.FC Köln 2:2 (2:0)

27. Spieltag: 28. 3. 1980
Werder Bremen –
Bor. M'gladbach 4:2 (2:1)
2:1 Matthäus (12.)

28. Spieltag: 12. 4. 1980
Bor. M'gladbach –
Bayer Uerdingen 3:2 (0:0)
1:0, 2:0 Matthäus (51., 60.)

29. Spieltag: 19. 4. 1980
TSV 1860 München –
Bor. M'gladbach 0:0

30. Spieltag: 26. 4. 1980
Bor. M'gladbach – Borussia
Dortmund 2:2 (0:2)

31. Spieltag: 2. 5. 1980
Fortuna Düsseldorf –
Bor. M'gladbach 1:4 (0:2)

32. Spieltag: 17. 5. 1980
Bor. M'gladbach –
VfB Stuttgart 1:1 (1:1)

33. Spieltag: 24. 5. 1980
Eintracht Braunschweig –
Bor. M'gladbach 0:3 (0:1)

34. Spieltag: 31. 5. 1980
Bor. M'gladbach –
Bayer Leverkusen 4:2 (2:0)

Saisonbilanz:
7. Tabellenplatz
Matthäus-Bilanz:
28 Spiele, 4 Tore

Borussia Mönchengladbach 1980/81

1. Spieltag: 16. 8. 1980
Fortuna Düsseldorf –
Bor. M'gladbach 2:1 (0:0)

2. Spieltag: 19. 8. 1980
Bor. M'gladbach –
FC Schalke 04 3:1 (1:0)
1:0 Matthäus (27.)

3. Spieltag: 23. 8. 1980
Arminia Bielefeld –
Bor. M'gladbach 2:3 (1:1)

4. Spieltag: 2. 9. 1980
Bor. M'gladbach –
Bayer Leverkusen 1:0 (0:0)

5. Spieltag: 6. 9. 1980
VfB Stuttgart –
Bor. M'gladbach 4:2 (2:2)

6. Spieltag: 13. 9. 1980
Bor. M'gladbach –
Hamburger SV 2:2 (1:0)

7. Spieltag: 20. 9. 1980
TSV 1860 München –
Bor. M'gladbach 0:0

8. Spieltag: 26. 9. 1980
Bor. M'gladbach –
VfL Bochum 2:1 (1:0)
1:0 Matthäus (43.)

9. Spieltag: 15. 10. 1980
MSV Duisburg –
Bor. M'gladbach 4:0 (1:0)

10. Spieltag: 18. 10. 1980
Bor. M'gladbach –
1. FC Nürnberg 1:4 (0:1)

11. Spieltag: 25. 10. 1980
1. FC Kaiserslautern –
Bor. M'gladbach 3:2 (1:1)

12. Spieltag: 31. 10. 1980
Bor. M'gladbach –
1. FC Köln 2:0 (2:0)

13. Spieltag: 8. 11. 1980
Eintracht Frankfurt –
Bor. M'gladbach 2:1 (1:0)

15. Spieltag: 29. 11. 1980
Bayer Uerdingen –
Bor. M'gladbach 2:0 (1:0)

16. Spieltag: 6. 12. 1980
Bayern München –
Bor. M'gladbach 4:0 (0:0)

17. Spieltag: 12. 12. 1980
Bor. M'gladbach –
Borussia Dortmund 1:0 0:0)

18. Spieltag: 27. 1. 1981
Bor. M'gladbach –
Fort. Düsseldorf 2:2 (1:2)

19. Spieltag: 24. 1. 1981
FC Schalke 04 –
Bor. M'gladbach 2:2 (1:2)
1:2 Matthäus (32.)

20. Spieltag: 7. 2. 1981
Bor. M'gladbach –
Arminia Bielefeld 4:2 (1:1)

21. Spieltag: 14. 2. 1981
Bayer Leverkusen –
Bor. M'gladbach 1:5 (0:1)
0:3 Matthäus (77.)

22. Spieltag: 24. 4. 1981
(Nachholspiel)
Bor. M'gladbach –
VfB Stuttgart 1:3 (0:1)
1:3 Matthäus (78.)

23. Spieltag: 7. 3. 1981
Hamburger SV –
Bor. M'gladbach 2:1 (2:0)

24. Spieltag: 14. 3. 1981
Bor. M'gladbach –
TSV 1860 München 3:2 (2:1)
1:0, 3:1 Matthäus (6., 57.)

25. Spieltag: 21. 3. 1981
VfL Bochum –
Bor. M'gladbach 1:1 (1:0)

26. Spieltag: 28. 3. 1981
Bor. M'gladbach –
MSV Duisburg 4:1 (1:1)

27. Spieltag: 4. 4. 1981
1. FC Nürnberg –
Bor. M'gladbach 2:0 (0:0)

28. Spieltag: 11. 4. 1981
Bor. M'gladbach –
1. FC Kaiserslautern 1:0 (0:0)

29. Spieltag: 18. 4. 1981
1. FC Köln –
Bor. M'gladbach 2:3 (0:1)

30. Spieltag: 8. 5. 1981
Bor. M'gladbach –
Eintr. Frankfurt 2:2 (0:2)

31. Spieltag: 15. 5. 1981
Karlsruher SC –
Bor. M'gladbach 3:4 (1:1)
1:2 Matthäus (54.)

32. Spieltag: 30. 5. 1981
Bor. M'gladbach –
Bayer Uerdingen 7:1 (4:0)
2:0 Matthäus (8.)

33. Spieltag: 6. 6. 1981
Bor. M'gladbach –
Bayern München 1:4 (0:1)

34. Spieltag: 13. 6. 1981
Borussia Dortmund –
Bor. M'gladbach 0:3 (0:1)
0:2 Matthäus (76.)

Saisonbilanz:
6. Tabellenplatz
Matthäus-Bilanz:
33 Spiele, 10 Tore

Borussia Mönchengladbach 1981/82

1. Spieltag: 8. 8. 1981
Bor. M'gladbach –
Werder Bremen 2:4 (2:3)
1:0 Matthäus (9.)

2. Spieltag: 15. 8. 1981
Fortuna Düsseldorf –
Bor. M'gladbach 0:2 (0:0)
0:1 Matthäus (57.)

3. Spieltag: 21:8.81
Bor. M'gladbach –
Karlsruher SC 2:2 (1:0)

4. Spieltag: 25. 8. 1981
Eintracht Braunschweig –
Bor. M'gladbach 0:1 (0:1)

5. Spieltag: 5. 9. 1981
Bor. M'gladbach –
1. FC Kaiserslautern 2:2 (2:1)

6. Spieltag: 12. 9. 1981
Borussia Dortmund –
Bor. M'gladbach 2:3 (0:3)

7. Spieltag: 19. 9. 1981
Bor. M'gladbach –
1. FC Nürnberg 4:2 (3:2)

8. Spieltag: 26. 9. 1981
1. FC Köln –
Bor. M'gladbach 3:0 (1:0)

9. Spieltag: 3. 10. 1981
Bor. M'gladbach –
Eintracht Frankfurt 1:0 (1:0)

10. Spieltag: 17. 10. 1981
Hamburger SV –
Bor. M'gladbach 1:1 (0:0)

11. Spieltag: 24. 10. 1981
Bor. M'gladbach –
MSV Duisburg 4:2 (1:0)

12. Spieltag: 31. 10. 1981
VfB Stuttgart –
Bor. M'gladbach 2:2 (1:2)

13. Spieltag: 7. 11. 1981
VfL Bochum –
Bor. M'gladbach 1:1 (0:1)

14. Spieltag: 13. 11. 1981
Bor. M'gladbach –
Arminia Bielefeld 3:1 (1:1)

15. Spieltag: 28. 11. 1981
Bayern München –
Bor. M'gladbach 1:1 (1:0)
1:1 Matthäus (56.)

16. Spieltag: 22. 12. 1981
(Nachholspiel)
Bor. M'gladbach –
Bayer Leverkusen 3:1 (0:1)

17. Spieltag: 19. 12. 1981
SV Darmstadt 98 –
Bor. M'gladbach 1:1 (1:0)

18. Spieltag: 16. 1. 1982
Werder Bremen –
Bor. M'gladbach 0:1 (0:1)

19. Spieltag: 23. 1. 1982
Bor. M'gladbach –
Fortuna Düsseldorf 3:0 (2:0)

20. Spieltag: 30. 1. 1982
Karlsruher SC –
Bor. M'gladbach 1:1 (0:0)

21. Spieltag: 6. 2. 1982
Bor. M'gladbach –
Eintr. Braunschw. 4:2 (1:1)

22. Spieltag: 13. 2. 1982
1. FC Kaiserslautern –
Bor. M'gladbach 3:2 (0:1)

24. Spieltag: 6. 3. 1982
1. FC Nürnberg –
Bor. M'gladbach 3:2 (2:0)

25. Spieltag: 13. 3. 1982
Bor. M'gladbach –
1. FC Köln 0:2 (0:1)

26. Spieltag: 30. 3. 1982
Eintracht Frankfurt –
Bor. M'gladbach 3:0 (2:0)

27. Spieltag: 3. 4. 1982
Bor. M'gladbach –
Hamburger SV 1:3 (1:2)

28. Spieltag: 17. 4. 1982
MSV Duisburg –
Bor. M'gladbach 0:1 (0:0)

29. Spieltag: 24. 4. 1982
Bor. M'gladbach –
VfB Stuttgart 0:0

30. Spieltag: 28. 4. 1982
Bor. M'gladbach –
VfL Bochum 4.2 (3:1)

31. Spieltag: 8. 5. 1982
Arminia Bielefeld –
Bor. M'gladbach 5:0 (0:0)

32. Spieltag: 15. 5. 1982
Bor. M'gladbach –
Bayern München 3:0 (1:0)

33. Spieltag: 22. 5. 1982
Bayer Leverkusen –
Bor. M'gladbach 0:0

34. Spieltag: 29. 5. 1982
Bor. M'gladbach – SV
Darmstadt 98 6:1 (1:0)

Saisonbilanz:
7. Tabellenplatz
Matthäus-Bilanz:
33 Spiele, 3 Tore

Borussia Mönchengladbach 1982/83

1. Spieltag: 21. 8. 1982
FC Schalke 04 –
Bor. M'gladbach 2:4 (0:1)
0:1 Matthäus (34.)

2. Spieltag: 25. 8. 1982
Bor. M'gladbach –
1. FC Nürnberg 1:2 (1:1)

3. Spieltag: 31. 8. 1982
Werder Bremen –
Bor. M'gladbach 2:0 (1:0)

4. Spieltag: 4. 9. 1982
Bor. M'gladbach –
Fortuna Düsseldorf 5:0 (2:0)
1:0 Matthäus (33.)

5. Spieltag: 10. 9. 1982
Karlsruher SC –
Bor. M'gladbach 2:0 (2:0)

6. Spieltag: 17. 9. 1982
Bor. M'gladbach –
Bayer Leverkusen 3:1 (3:1)

7. Spieltag: 25. 9. 1982
Arminia Bielefeld –
Bor. M'gladbach 4:2 (2:0)

8. Spieltag: 1. 10. 1982
Bor. M'gladbach –
Eintr. Frankfurt 3:1 (0:1)

9. Spieltag: 9. 10. 1982
VfL Bochum –
Bor. M'gladbach 3:1 (0.1)

10. Spieltag: 23. 10. 1982
Bor. M'gladbach –
Bayern München 0:0

11. Spieltag: 30. 10. 1982
Hamburger SV –
Bor. M'gladbach 4:3 (3:2)

12. Spieltag: 5. 11. 1982
Bor. M'gladbach –
Eint. Braunschw. 3.0 (2:0)

13. Spieltag: 13. 11. 1982
Bor. M'gladbach –
VfB Stuttgart 1:4 (1:2)

14. Spieltag: 20. 11. 1982
Hertha BSC –
Bor. M'gladbach 0:2 (0.1)
0:2 Matthäus (67.)

15. Spieltag: 27. 11. 1982
Bor. M'gladbach –
1. FC Köln 1:4 (0:1)

16. Spieltag: 4. 12. 1982
1. FC Kaiserslautern –
Bor. M'gladbach 3:0 (2:0)

17. Spieltag: 10. 12. 1982
Bor. M'gladbach – Borussia
Dortmund 2:3 (1:1)

18. Spieltag: 22. 1. 1983
Bor. M'gladbach –
FC Schalke 04 0:0

19. Spieltag: 29. 1. 1983
1. FC Nürnberg –
Bor. M'gladbach 1:0 (0:0)

20. Spieltag: 1. 3. 1983
(Nachholspiel)
Bor. M'gladbach –
Werder Bremen 1:2 (0:0)

21. Spieltag: 19. 2. 1983
Fortuna Düsseldorf –
Bor. M'gladbach 2:1 (1:0)

22. Spieltag: 2. 4. 1983
(Nachholspiel)
Bor. M'gladbach –
Karlsruher SC 5:0 (3:0)

23. Spieltag: 5. 3. 1983
Bayer Leverkusen –
Bor. M'gladbach 3:2 (1:2)

24. Spieltag: 12. 3. 1983
Bor. M'gladbach –
Arminia Bielefeld 3:0 (1:0)

25. Spieltag: 19. 3. 1983
Eintracht Frankfurt –
Bor. M'gladbach 3:0 (2:0)

26. Spieltag: 26. 3. 1983
Bor. M'gladbach –
VfL Bochum 3:1 (2:1)
3:1 Matthäus (81.)

27. Spieltag: 9. 4. 1983
Bayern München –
Bor. M'gladbach 3:1 (1:0)

28. Spieltag: 16. 4. 1983
Bor. M'gladbach –
Hamburger SV 1:1 (0:0)
1:1 Matthäus (86.)

29. Spieltag: 30. 4. 1983
Eintracht Braunschweig –
Bor. M'gladbach 0:0

30. Spieltag: 6. 5. 1983
VfB Stuttgart –
Bor. M'gladbach 3:2 (1:0)
3.2 Matthäus (79.)

31. Spieltag: 14. 5. 1983
Bor. M'gladbach –
Hertha BSC 3:1 (2:1)

32. Spieltag: 20. 5. 1983
1. FC Köln –
Bor. M'gladbach 2:1 (0:1)

33. Spieltag: 28. 5. 1983
Bor. M'gladbach –
1. FC Kaiserslaut. 4:2 (2:2)
3:2 Matthäus (72.)

34. Spieltag: 4. 6. 1983
Borussia Dortmund –
Bor. M'gladbach 4:6 (3:1)
4:5 Matthäus (87.)

Saisonbilanz:
12. Tabellenplatz
Matthäus-Bilanz:
34 Spiele, 8 Tore

Borussia Mönchengladbach 1983/84

1. Spieltag: 13. 8. 1983
Bor. M'gladbach –
Fort. Düsseldorf 1:1 (0:1)

2. Spieltag: 20. 8. 1983
Offenbacher Kickers –
Bor. M'gladbach 4:3 (4:1)
4:2 Matthäus (68.)

3. Spieltag: 24. 8. 1983
Bor. M'gladbach –
Werder Bremen 3:1 (1:0)

4. Spieltag: 31. 8. 1983
Eintracht Braunschweig –
Bor. M'gladbach 3:1 (1:1)

5. Spieltag: 3. 9. 1983
Bor. M'gladbach –
Waldhof Mannheim 3:0 (1:0)

6. Spieltag: 10. 9. 1983
VfL Bochum –
Bor. M'gladbach 0:4 (0:0)
0:3 Matthäus (79.)

7. Spieltag: 17. 9. 1983
VfB Stuttgart –
Bor. M'gladbach 0:0

8. Spieltag: 24. 9. 1983
Bor. M'gladbach –
1.FC Köln 4:2 (3:1)

9. Spieltag: 1. 10. 1983
Bayern München –
Bor. M'gladbach 4:0 (2:0)

10. Spieltag: 15. 10. 1983
Bor. M'gladbach –
1. FC Nürnberg 2:0 (2:0)
1:0 Matthäus (11.)

11. Spieltag: 22. 10. 1983
Eintracht Frankfurt –
Bor. M'gladbach 1:1 (1:0)

12. Spieltag: 29. 10. 1983
Bor. M'gladbach –
Hamburger SV 4:0 (1:0)

13. Spieltag: 5. 11. 1983
1. FC Kaiserslautern –
Bor. M'gladbach 0:2 (0:0)
0:2 Matthäus (81.)

14. Spieltag: 12. 11. 1983
Bor. M'gladbach –
Boruss. Dortmund 2:1 (2:0)

15. Spieltag: 25. 11. 1983
Bayer Uerdingen –
Bor. M'gladbach 1:1 (1:0)

16. Spieltag: 2. 12. 1983
Bor. M'gladbach –
Bayer Leverkusen 3:1 (1:0)

17. Spieltag: 10. 12. 1983
Arminia Bielefeld –
Bor. M'gladbach 2:2 (1:0)

18. Spieltag: 20. 1. 1984
Fortuna Düsseldorf –
Bor. M'gladbach 4:1 (4:0)

19. Spieltag: 28. 1. 1984
Bor. M'gladbach –
Kickers Offenbach 3:2 (2:0)
3:0 Matthäus (52.)

20. Spieltag: 4. 2. 1982
Werder Bremen –
Bor. M'gladbach 2:0 (0:0)

21. Spieltag: 11. 2. 1984
Bor. M'gladbach –
Eintr. Braunschw. 6:2 (1:1)

22. Spieltag: 25. 2. 1984
Bor. M'gladbach –
VfL Bochum 4:2 (1:2)

23. Spieltag: 10. 3. 1984
Bor. M'gladbach –
VfB Stuttgart 2:0 (0:0)

24. Spieltag: 17. 3. 1984
1. FC Köln –
Bor. M'gladbach 1:2 (1:0)
1:1 Matthäus (51.)

25. Spieltag: 24. 3. 1984
Bor. M'gladbach –
Bayern München 3:0 (0:0)

26. Spieltag: 31. 3. 1984
1. FC Nürnberg –
Bor. M'gladbach 1:3 (0:1)

27. Spieltag: 7. 4. 1984
Bor. M'gladbach –
Eintr. Frankfurt 1:1 (0:0)

28. Spieltag: 14. 4. 1984
Hamburger SV –
Bor. M'gladbach 2:1 (0:1)

29. Spieltag: 21. 4. 1984
Waldhof Mannheim –
Bor. M'gladbach 2:3 (1:1)
2:2, 2:3 Matthäus (72., 89.)

30. Spieltag: 28. 4. 1984
Bor. M'gladbach –
1. FC Kaiserslaut. 3:2 (1:0)

31. Spieltag: 5. 5. 1984
Borussia Dortmund –
Bor. M'gladbach 4:1 (1:1)

32. Spieltag: 12. 5. 1984
Bor. M'gladbach –
Bayer Uerdingen 7:1 (2:0)
3:0, 5:0 Matthäus (47., 76.)

33. Spieltag: 19. 5. 1984
Bayer Leverkusen –
Bor. M'gladbach 1:2 (0:1)
1:2 Matthäus (83.)

34. Spieltag: 26. 5. 1984
Bor. M'gladbach –
Arminia Bielefeld 3:0 (2:0)

Saisonbilanz:
3. Tabellenplatz
Matthäus-Bilanz:
34 Spiele, 11 Tore

Bayern München 1984/85

1. Spieltag: 25. 8. 1984
Arminia Bielefeld –
Bayern München 1:3 (0:1)
1:3 Matthäus (81.)

2. Spieltag: 29. 8. 1984
Bayern München –
Werder Bremen 4:2 (2:1)

3. Spieltag: 8. 9. 1984
Bayer Uerdingen –
Bayern München 1:3 (1:1)
1:3 Matthäus (88.)

4. Spieltag: 15. 9. 1984
Bayern München –
Borussia Dortmund 1:0 (0:0)
1:0 Matthäus (61.)

5. Spieltag: 22. 9. 1984
Bayern München –
1. FC Köln 2:0 (0:0)

6. Spieltag: 5. 9. 1984
VfB Stuttgart –
Bayern München 1:3 (0:2)

7. Spieltag: 6. 10. 1984
Bayern München –
Waldhof Mannheim 1:2 (0:0)

8. Spieltag: 10. 10. 1984
Fortuna Düsseldorf –
Bayern München 0:2 (0:0)

9. Spieltag: 20. 10. 1984
Bayern München –
Eintracht Frankfurt 4:2 (3:0)
4:1 Matthäus (82.)

10. Spieltag: 27. 10. 1984
FC Schalke 04 –
Bayern München 1:1 (0:1)

11. Spieltag: 3. 11. 1984
Bayern München –
Hamburger SV 1:1 (1:0)

12. Spieltag: 11. 12. 1984
(Nachholspiel)
Bor. M'gladbach –
Bayern München 3:2 (3:1)

13. Spieltag: 14. 11. 1984
Bayern München –
VfL Bochum 2:2 (2:2)

14. Spieltag: 17. 11. 1984
Bayer Leverkusen –
Bayern München 3:0 (1:0)

15. Spieltag: 24. 11. 1984
Bayern München –
Karlsruher SC 6:2 (3:1)
3:1 Matthäus (33.)

16. Spieltag: 1. 12. 1984
1. FC Kaiserslautern –
Bayern München 0:1 (0:1)
0:1 Matthäus (42.)

17. Spieltag: 8. 12. 1984
Bayern München –
Eint. Braunschweig 3:0 (2:0)
2:0, 3:0 Matthäus (45., 66.)

18. Spieltag: 2. 2. 1985
Bayern München – Arminia
Bielefeld 3:3 (2:1)

19. Spieltag: 9. 2. 1985
Werder Bremen –
Bayern München 4:2 (2:1)

20. Spieltag: 26. 2. 1985
Bayern München –
Bayer Uerdingen 2:1 (1:1)

21. Spieltag: 2. 3. 1985
Borussia Dortmund –
Bayern München 1:1 (1:1)
1:1 Matthäus (15.)

22. Spieltag: 9. 3. 1985
1. FC Köln –
Bayern München 0:2 (0:1)
0:2 Matthäus (89.)

23. Spieltag: 16. 3. 1985
Bayern München –
VfB Stuttgart 3:2 (0:1)
3:2 Matthäus (74.)

24. Spieltag: 23. 3. 1985
Waldhof Mannheim –
Bayern München 0:0

25. Spieltag: 30. 3. 1985
Bayern München –
Fortuna Düsseldorf 6:0 (2:0)
4:0 Matthäus (69.)

27. Spieltag: 13. 4. 1985
Bayern München –
FC Schalke 04 3:0 (1:0)

28. Spieltag: 20. 4. 1985
Hamburger SV –
Bayern München 2:1 (2:0)

29. Spieltag: 4. 5. 1985
Bayern München –
Bor. M'gladbach 4:0 (1:0)
2:0 Matthäus (48.)

30. Spieltag: 11. 5. 1985
VfL Bochum –
Bayern München 1:1 (0:1)
0:1 Matthäus (28.)

31. Spieltag: 18. 5. 1985
Bayern München –
Bayer Leverkusen 2:1 (1:1)

32. Spieltag: 21. 5. 1985
Karlsruher SC –
Bayern München 0:4 (0:1)
0:1 Matthäus (40.)

33. Spieltag: 1. 6. 1985
Bayern München –
1. FC Kaiserslaut. 3:0 (1:0)
1:0 Matthäus (38.)

34. Spieltag: 8. 6. 1985
Eintracht Braunschweig –
Bayern München 0:1 (0:0)

Saisonbilanz:
1. Tabellenplatz
Matthäus-Bilanz:
33 Spiele, 16 Tore

Bayern München 1985/86

1. Spieltag: 10. 8. 1985
Bayer Uerdingen –
Bayern München 1:0 (1:0)

2. Spieltag: 17. 8. 1985
Bayern München –
VfB Stuttgart 4:1 (1:1)
3:1 Matthäus (84.)

3. Spieltag: 21. 8. 1985
FC Schalke 04 –
Bayern München 0:1 (0:0)

5. Spieltag: 3. 9. 1985
1. FC Saarbrücken –
Bayern München 1:1 (0:0)
1:1 Matthäus (76.)

6. Spieltag: 7. 9. 1985
Bayern München –
Hamburger SV 2:0 (0:0)
1:0 Matthäus (69.)

7. Spieltag: 14. 9. 1985
1. FC Köln –
Bayern München 1:1 (0:1)

15. Spieltag: 20. 11. 1985
Bayer Leverkusen –
Bayern München 1:2 (0:1)
0:1 Matthäus (9.)

16. Spieltag: 23. 11. 1985
Bayern München –
Werder Bremen 3:1 (1:1)

20. Spieltag: 25. 1. 1986
Bayern München –
FC Schalke 04 3:2 (1:1)

21. Spieltag: 1. 2. 1986
Hannover 96 – Bayern
München 0:5 (0:1)
0:3 Matthäus (61.)

22. Spieltag: 8. 2. 1986
Bayern München –
1. FC Saarbrücken 5:1 (1:1)
5:1 Matthäus (78.)

23. Spieltag: 15. 2. 1986
Hamburger SV –
Bayern München 0:0

24. Spieltag. 22. 2. 1986
Bayern München –
1. FC Köln 3:1 (2:0)
1:0, 3:1 Matthäus (5., 77.)

25. Spieltag: 1. 3. 1986
1. FC Nürnberg –
Bayern München 0:1 (0:0)

26. Spieltag: 8. 3. 1986
Bayern München –
Fort. Düsseldorf 2:3 (0:2)

27. Spieltag: 15. 3. 1986
Waldhof Mannheim –
Bayern München 0:4 (0:4)

28. Spieltag: 22. 3. 1986
Bayern München –
VfL Bochum 6:1 (2:0)
4:0 Matthäus (66.)

29. Spieltag: 29. 3. 1986
Eintracht Frankfurt –
Bayern München 2:2 (2:0)

30. Spieltag: 5. 4. 1986
Bayern München –
1. FC Kaiserslautern 5:0 (4:0)

31. Spieltag: 12. 4. 1986
Borussia Dortmund –
Bayern München 0:3 (0:1)

32. Spieltag: 19. 4. 1986
Bayern München –
Bayer Leverkusen 0:0

33.Spieltag: 22. 4. 1986
Werder Bremen –
Bayern München 0:0

34. Spieltag: 26. 4. 1986
Bayern München –
Bor. M'gladbach 6:0 (2:0)
1:0 Matthäus (1.)

Saisonbilanz:
1. Tabellenplatz

Matthäus-Bilanz:
23 Spiele, 10 Tore

Bayern München 1986/87

1. Spieltag: 9. 8. 1986
Bayern München –
Borussia Dortmund 2:2 (1:1)
2:1 Matthäus (50.)

2. Spieltag: 16. 8. 1986
Fortuna Düsseldorf –
Bayern München 0:3 (0:0)

3. Spieltag: 23. 8. 1986
Bayern München –
1. FC Köln 3:0 (2:0)

4. Spieltag: 3. 9. 1986
1. FC Nürnberg –
Bayern München 1:2 (1:0)
1:1 Matthäus (48.)

5. Spieltag: 6. 9. 1986
Bayern München –
Hamburger SV 3:1 (2:1)
1:0 Matthäus (5.)

6. Spieltag: 13. 9. 1986
1. FC Kaiserslautern –
Bayern München 1:1 (0:1)

7. Spieltag. 20. 9. 1986
Bayern München –
Bor. M'gladbach 3:1 (1:0)
2:0 Matthäus (55.)

8. Spieltag: 27. 9. 1986
Werder Bremen –
Bayern München 1:1 (1.0)

9. Spieltag: 4. 10. 1986
Bayern München –
VfL Bochum 3:2 (2:1)

10. Spieltag: 11. 10. 1986
Eintracht Frankfurt –
Bayern München 0:0

12 Spieltag: 1. 11. 1986
Bayern München –
Bayer Leverkusen 0:3 (0:1)

13. Spieltag: 8. 11. 1986
Waldhof Mannheim –
Bayern München 3:3 (2:0)

14. Spieltag: 15. 11. 1986
Bayern München –
FC Homburg 3:0 (2:0)
1:0 Matthäus (10.)

15. Spieltag: 22. 11. 1986
Bayer Uerdingen –
Bayern München 0:0

16. Spieltag: 29. 11. 1986
Bayern München –
VfB Stuttgart 1:0 (1:0)

17. Spieltag: 6. 12. 1986
FC Schalke 04 –
Bayern München 2:2 (1:0)
2:1 Matthäus (48.)

18. Spieltag: 21. 2. 1987
Borussia Dortmund –
Bayern München 2:2 (0:2)

19. Spieltag: 28. 2. 1987
Bayern München –
Fort. Düsseldorf 3:0 (0:0)
1:0 Matthäus (53.)

20. Spieltag: 14. 3. 1987
1. FC Köln –
Bayern München 1:1 (1:0)

21. Spieltag. 21. 3. 1987
Bayern München –
1. FC Nürnberg 4:0 (1:0)
4:0 Matthäus (81.)

22. Spieltag: 28. 3. 1987
Hamburger SV –
Bayern München 1:2 (0:1)

23. Spieltag: 4. 4. 1987
Bayern München –
1. FC Kaisersl. 3:0 (2:0)

24. Spieltag: 11. 4. 1987
Bor. M'gladbach –
Bayern München 0:1 (0:1)

25. Spieltag: 15. 4. 1987
Bayern München –
Werder Bremen 3:2 (1:2)
3:2 Matthäus (56.)

26.Spieltag: 25. 4. 1987
VfL Bochum –
Bayern München 1:2 (1:1)
1:2 Matthäus (62.)

28. Spieltag: 9. 5. 1987
Bayern München –
Blau-Weiß 90 Berlin 2:0 (0:0)

30.Spieltag: 23. 5. 1987
Bayern München –
Waldhof Mannh. 3:0 (1:0)
3:0 Matthäus (70.)

31. Spieltag: 30. 5. 1987
FC Homburg –
Bayern München 2:2 (0:2)

32. Spieltag: 06. 6. 1987
Bayern München –
Bayer Uerdingen 2:2 (1:2)
1:0 Matthäus (11.)

33. Spieltag: 13. 6. 1987
VfB Stuttgart –
Bayern München 1:3 (0:2)
0:1, 0.3 Matthäus (31., 48.)

34. Spieltag. 17. 6. 1987
Bayern München –
FC Schalke 04 1:0 (0:0)

Saisonbilanz:
1. Tabellenplatz

Matthäus-Bilanz:
31 Spiele, 14 Tore

Bayern München 1987/88

1. Spieltag: 1. 8. 1987
Borussia Dortmund –
Bayern München 1:3 (0:1)

2. Spieltag: 8. 8. 1987
Bayern München –
Hamburger SV 6:0 (2:0)
1:0, 6:0 Matthäus (25., 87.)

3. Spieltag: 15. 8. 1987
Bayern München –
Waldhof Mannh. 2:1 (2.0)

4. Spieltag: 22. 8. 1987
FC Homburg –
Bayern München 3:2 (1:0)
1:1 Matthäus (49.)

5. Spieltag: 26. 8. 1987
Bayern München –
1. FC Nürnberg 1:0 (1:0)

14. Spieltag: 31. 10. 1987
VfL Bochum –
Bayern München 0:2 (0:0)

15. Spieltag: 7. 11. 1987
Bayern München –
Bayer Uerdingen 3:0 (1:0)
2:0 Matthäus (81.)

16. Spieltag: 14. 11. 1987
VfB Stuttgart –
Bayern München 3:0 (1:0)

17. Spieltag: 21. 11. 1987
Bayern München –
Bayer Leverkusen 3:2 (2:0)

18. Spieltag: 28. 11. 1987
Bayern München –
Borussia Dortmund 1:3 (1:2)

19. Spieltag: 5. 12. 1987
Hamburger SV –
Bayern München 2:2 (0:1)
2:2 Matthäus (75.)

20. Spieltag: 20. 2. 1988
Waldhof Mannheim –
Bayern München 1:2 (1:1)

21. Spieltag: 27. 2. 1988
Bayern München –
FC Homburg 6:0 (1:0)
3:0 Matthäus (58.)

22. Spieltag: 5. 3. 1988
1. FC Nürnberg –
Bayern München 0:3 (0:2)
0:3 Matthäus (67.)

23. Spieltag: 12. 3. 1988
Bayern München –
Bor. M'gladbach 1:0 (0:0)
1:0 Matthäus (79.)

24. Spieltag: 19. 3. 1988
Eintracht Frankfurt – Bayern
München 1:1 (0:0)
1:1 Matthäus (73.)

25. Spieltag: 23. 3. 1988
Bayern München –
1. FC Köln 2:2 (1:0)

26. Spieltag: 26. 3. 1988
Werder Bremen –
Bayern München 3:1 (2:1)
0:1 Matthäus (25.)

27. Spieltag: 9. 4. 1988
Bayern München –
FC Schalke 04 8:1 (5:1)
1:1, 4:1, 5:1 Matthäus (22., 39., 42.)

28. Spieltag: 16. 4. 1988
Hannover 96 –
Bayern München 2:1 (0:1)

29. Spieltag: 23. 4. 1988
Bayern München –
Karlsruher SC 2:1 (1:1)
1:1 Matthäus (24.)

30. Spieltag: 30. 4. 1988
1. FC Kaiserslautern –
Bayern München 3:1 (1:0)

31. Spieltag. 3. 5. 1988
Bayern München –
Vfl Bochum 5:0 (0:0)

32. Spieltag. 7. 5. 1988
Bayer Uerdingen –
Bayern München 0:0

33. Spieltag: 14. 5. 1988
Bayern München –
VfB Stuttgart 2:1 (1:0)
1:0, 2:0 Matthäus (9., 49.)

34. Spieltag: 21. 5. 1988
Bayer Leverkusen –
Bayern München 3:4 (3:1)
3:1 Matthäus (20.)

Saisonbilanz:
2. Tabellenplatz
Matthäus-Bilanz:
26 Spiele, 17 Tore

Bayern München 1992/93

3. Spieltag. 27. 10. 1992
(Nachholspiel)
Eintracht Frankfurt –
Bayern München 1:1 (1:0)

7. Spieltag: 19. 9. 1992
Bayern München –
SG Wattenscheid 09 1:1 (1:0)

8. Spieltag: 25. 9. 1992
Borussia Dortmund –
Bayern München 1:2 (0:1)

9. Spieltag: 3. 10. 1992
Bayern München –
Bor. M'gladbach 2:2 (0:1)

10. Spieltag: 17. 10. 1992
1. FC Saarbrücken –
Bayern München 1:1 (1:0)

11. Spieltag: 24. 10. 1992
Bayern München –
Werder Bremen 1:3 (0:1)

12. Spieltag. 31. 10. 1992
VfB Stuttgart –
Bayern München 2:3 (0:0)

13. Spieltag: 14. 11. 1992
Bayern München –
1.FC Nürnberg 1:0 (0:0)

14.Spieltag: 21. 11. 1992
Bayer Leverkusen –
Bayern München 2:4 (1:0)
1:2 Matthäus (69.)

15. Spieltag: 28. 11. 1992
Bayern München –
Karlsruher SC 3:3 (2:2)
3:2 Matthäus (72.)

16. Spieltag: 5. 12. 1992
VfL Bochum –
Bayern München 2:2 (1:0)
2:2 Matthäus (89.)

17. Spieltag: 12. 12. 1992
Bayern München –
FC Schalke 04 1:1 (0:0)

18. Spieltag: 20. 2. 1993
Bayern München –
Bayer Uerdingen 2:0 (1:0)

19. Spieltag: 27. 2. 1993
1. FC Kaiserslautern –
Bayern München 1:3 (0:1)

20. Spieltag. 6. 3. 1993
Bayern München –
Eintracht Frankfurt 1:0 (1:0)
1:0 Matthäus (28.)

21. Spieltag: 13. 3. 1993
Dynamo Dresden –
Bayern München 0:0

22. Spieltag: 20. 3. 1993
Bayern München –
1. FC Köln 3:0 (1:0)

23. Spieltag: 28. 3. 1993
Hamburger SV –
Bayern München 3:1 (1:0)

24. Spieltag: 2. 4. 1993
SG Wattenscheid 09 –
Bayern München 2:0 (0:0)

25. Spieltag. 10. 4. 1993
Bayern München –
Borussia Dortmund 2:0 (0:0)

26. Spieltag: 17. 4. 1993
Bor. M'gladbach –
Bayern München 2:2 (0:2)

28. Spieltag: 26. 4. 1993
Werder Bremen –
Bayern München 4:1 (1:1)

29. Spieltag: 30. 4. 1993
Bayern München –
VfB Stuttgart 5:3 (2:2)
3:2, 4:2 Matthäus (52., 56.)

30. Spieltag: 8. 5. 1993
1. FC Nürnberg –
Bayern München 0:0

31. Spieltag: 15. 5. 1993
Bayern München –
Bayer Leverkusen 4:1 (2:0)

32. Spieltag: 23. 5. 1993
Karlsruher SC –
Bayern München 4:2 (3:0)

33. Spieltag: 29. 5. 1993
Bayern München –
VfL Bochum 3:1 (3:0)
3:0 Matthäus (44.)

34. Spieltag: 5. 6. 1993
FC Schalke 04 –
Bayern München 3:3 (2:1)
2:2 Matthäus (74.)

Saisonbilanz:
2. Tabellenplatz
Matthäus-Bilanz:
28 Spiele, 8 Tore

Bayern München 1993/94

1. Spieltag: 7. 8. 1993
Bayern München –
SC Freiburg 3:1 (3:1)

2. Spieltag: 14. 8. 1993
Bayer Leverkusen –
Bayern München 2:1 (1:1)

3. Spieltag: 22. 8. 1993
Bayern München –
Dynamo Dresden 5:0 (2:0)

4. Spieltag: 29. 8. 1993
VfB Stuttgart –
Bayern München 2:2 (1:2)

5. Spieltag: 1. 9. 1993
Bayern München –
VfB Leipzig 3:0 (1:0)
2:0 Matthäus (55.)

6. Spieltag: 4. 9. 1993
MSV Duisburg –
Bayern München 2:2 (1:1)

7. Spieltag: 9. 9. 1993
Werder Bremen –
Bayern München 1:0 (0:0)

8. Spieltag: 18. 9. 1993
Bayern München –
SG Wattenscheid 09 3:3 (1:1)

9. Spieltag: 25. 9. 1993
Borussia Dormund –
Bayern München 1:1 (0:1)

10. Spieltag: 2. 10. 1993
Bayern München –
Hamburger SV 4:0 (1:0)

11. Spieltag: 9. 10. 1993
1. FC Köln –
Bayern München 0:4 (0:1)

12. Spieltag: 16. 10. 1993
Bayern München –
Bor. M'gladbach 3:1 (3:0)
1:0 Matthäus (4.)

13. Spieltag: 23. 10. 1993
Eintracht Frankfurt –
Bayern München 2:2 (1:2)
1:2 Matthäus (45.)

14. Spieltag: 30. 10. 1993
Bayern München –
1. FC Kaiserslaut. 4:0 (2:0)
4:0 Matthäus (68.)

15. Spieltag: 6. 11. 1993
1. FC Nürnberg –
Bayern München 2:0 (1:0)

16. Spieltag: 13. 11. 1993
Bayern München –
Karlsruher SC 1:0 (0:0)

17. Spieltag: 20. 11. 1993
FC Schalke 04 –
Bayern München 1:1 (0:0)

18. Spieltag: 27. 11. 1993
SC Freiburg –
Bayern München 3:1 (1:0)

20. Spieltag: 10. 12. 1993
Dynamo Dresden –
Bayern München 1:1 (1:0)

21. Spieltag: 13. 2. 1994
Bayern München –
VfB Stuttgart 1:3 (1:1)
1:1 Matthäus (22.)

22. Spieltag: 19. 2. 1994
VfB Leipzig –
Bayern München 1:3 (0:3)

23. Spieltag: 26. 2. 1994
Bayern München –
MSV Duisburg 4:0 (4:0)

24. Spieltag: 5. 3. 1994
Bayern München –
Werder Bremen 2:0 (0:0)

25. Spieltag: 12. 3. 1994
SG Wattenscheid 09 –
Bayern München 1:3 (0:0)
0:2 Matthäus (64.)

26. Spieltag: 20. 3. 1994
Bayern München –
Borussia Dortmud 0:0

27. Spieltag: 27. 3. 1994
Hamburger SV –
Bayern München 1:2 (0:0)

28. Spieltag: 2. 4. 1994
Bayern München –
1. FC Köln 1:0 (0:0)

29. Spieltag: 5. 4. 1994
Bor. M'gladbach –
Bayern München 2:0 (0:0)

30. Spieltag: 9. 4. 1994
Bayern München –
Eintracht Frankfurt 2:1 (1:1)
2:1 Matthäus (54.)

31. Spieltag: 14. 4. 1994
1. FC Kaiserslautern –
Bayern München 4:0 (0:0)

32. Spieltag: 3. 5. 1994
(Nachholspiel)
Bayern München –
1. FC Nürnberg 5:0 (0:0)

33. Spieltag: 30. 4. 1994
Karlsruher SC –
Bayern München 1:1 (1:1)

34. Spieltag: 7. 5. 1994
Bayern München –
FC Schalke 04 2:0 (0:0)
1:0 Matthäus (50.)

Saisonbilanz:
1. Tabellenplatz
Bilanz Matthäus:
33 Spiele, 8 Tore

Bayern München 1994/95

1. Spieltag: 20. 8. 1994
Bayern München –
VfL Bochum 3:1 (0:0)

2. Spieltag: 23. 8. 1994
SC Freiburg –
Bayern München 5:1 (3:1)

3. Spieltag: 27. 8. 1994
Bayern München –
Bor. M'gladbach 3:0 (2:0)
3:0 Matthäus (85.)

4. Spieltag: 2. 9. 1994
MSV Duisburg –
Bayern München 0:3 (0:3)

5. Spieltag: 17. 9. 1994
Bayern München –
Hamburger SV 1:1 (0:1)
1:1 Matthäus (85.)

6. Spieltag: 21. 9. 1994
TSV 1860 München –
Bayern München 1:3 (0:1)

7. Spieltag: 1. 10. 1994
Bayern München –
1. FC Köln 2:2 (0:2)

8. Spieltag: 5. 10. 1994
1. FC Kaiserslautern –
Bayern München 1:1 (1:0)

9. Spieltag: 15. 10. 1994
Bayern München –
Eintracht Frankfurt 3:3 (1:1)

10. Spieltag: 22. 10. 1994
Borussia Dortmund –
Bayern München 1:0 (0:0)

11. Spieltag: 29. 10. 1994
Bayern München –
VfB Stuttgart 2:2 (0:1)
2:2 Matthäus (82.)

12. Spieltag: 5. 11. 1994
Bayer Uerdingen –
Bayern München 1:1 (0:0)
0:1 Matthäus (87.)

13. Spieltag: 12. 11. 1994
Bayern München –
FC Schalke 04 2:0 (0:0)

14. Spieltag: 19. 11. 1994
Karlsruher SC –
Bayern München 2:2 (0:0)

15. Spieltag: 26. 11. 1994
Bayern München –
Bayer Leverkusen 2:1 (1:1)
2:1 Matthäus (75.)

17. Spieltag: 10. 12. 1994
Werder Bremen –
Bayern München 0:0

Saisonbilanz:
6. Tabellenplatz
Bilanz Matthäus:
16 Spiele, 5 Tore

Bayern München 1995/96

14. Spieltag:18. 11. 1995
Bayern München –
Werder Bremen 2:0 (1:0)

15. Spieltag: 26. 11. 1995
1. FC Köln –
Bayern München 0:0

16. Spieltag: 2. 12. 1995
Bayern München –
FC Schalke 04 4:0 (1:0)

17. Spieltag: 9. 12. 1995
Fortuna Düsseldorf –
Bayern München 2:0 (0:0)

18. Spieltag: 11. 2. 1996
Hamburger SV –
Bayern München 2:1 (0:1)

19. Spieltag: 17. 2. 1996
Bayern München –
Karlsruher SC 1:4 (0:1)

20. Spieltag: 25. 2. 1996
Uerdingen –
Bayern München 1:6 (0:1)

21. Spieltag: 2. 3. 1996
Bayern München –
TSV 1860 München 4:2 (4:1)

22. Spieltag: 9. 3. 1996
SC Freiburg –
Bayern München 3:1 (1:1)

23. Spieltag: 16. 3. 1996
Bayern München –
1. FC Kaiserslaut. 2:0 (1:0)

24. Spieltag: 23. 3. 1996
Bayer Leverkusen –
Bayern München 1:2 (1:1)
1:2 Matthäus (55.)

25. Spieltag: 30. 3. 1996
Bayern München –
Borussia Dortmund 1:0 (1:0)

27. Spieltag: 10. 4. 1996
Bayern München –
FC St. Pauli 1:1 (0:1)

28. Spieltag: 13. 4. 1996
VfB Stuttgart –
Bayern München 0:1 (0:0)

30. Spieltag: 27. 4. 1996
Bayern München –
FC Hansa Rostock 0:1 (0:0)

31. Spieltag: 7. 5. 1996
(Nachholspiel)
Werder Bremen –
Bayern München 3:2 (1:2)

32. Spieltag: 4. 5. 1996
Bayern München –
1. FC Köln 3:2 (1:0)

33. Spieltag: 11. 5. 1996
FC Schalke 04 –
Bayern München 2:1 (1:1)

34. Spieltag: 18. 5. 1996
Bayern München –
Fort. Düsseldorf 2:2 (0:2)

Saisonbilanz:
2. Tabellenplatz
Bilanz Matthäus:
19 Spiele, 1 Tor

Bayern München 1996/97

1. Spieltag: 16. 8. 1996
FC St. Pauli –
Bayern München 1:2 (1:2)

2. Spieltag: 21. 8. 1996
Bayern München –
VfL Bochum 1:1 (0:0)

3. Spieltag: 25. 8. 1996
MSV Duisburg –
Bayern München 0:4 (0:2)

4. Spieltag: 28. 8. 1996
Bayern München –
Bayer Leverkusen 4:2 (3:1)

5. Spieltag: 7. 9. 1996
Bayern München –
Arminia Bielefeld 1:0 (0:0)

6. Spieltag: 14. 9. 1996
FC Schalke 04 –
Bayern München 1:1 (1:0)

7. Spieltag: 21. 9. 1996
Bayern München –
Karlsruher SC 1:0 (1:0)

9. Spieltag: 5. 10. 1996
Bayern München –
Hamburger SV 2:1 (1:0)

10. Spieltag: 12. 10. 1996
1. FC Köln –
Bayern München 2:4 (0:1)

11. Spieltag: 20. 10. 1996
Bayern München –
Borussia Dortmund 0:0

12. Spieltag: 26. 10. 1996
Fortuna Düsseldorf –
Bayern München 0:2 (0:1)

13. Spieltag: 1. 11. 1996
Bayern München –
TSV 1860 München 1:1 (1:0)

14. Spieltag: 16. 11. 1996
SC Freiburg –
Bayern München 0:0

16. Spieltag: 1. 12. 1996
VfB Stuttgart –
Bayern München 1:1 (0:1)

17. Spieltag: 7. 12. 1996
Bayern München –
Bor. M'gladbach 1:0 (0:0)

18. Spieltag: 15. 2. 1997
Bayern München –
FC St. Pauli 3:0 (1:0)

19. Spieltag: 22. 2. 1997
VfL Bochum –
Bayern München 1:1 (0:0)

20. Spieltag: 1. 3. 1997
Bayern München –
MSV Duisburg 5:2 (2:0)

21. Spieltag: 9. 3. 1997
Bayer Leverkusen –
Bayern München 5:2 (3:0)

22. Spieltag: 12. 3. 1997
Arminia Bielefeld –
Bayern München 2:0 (2:0)

23. Spieltag: 15. 3. 1997
Bayern München –
FC Schalke 04 3:0 (1:0)

24. Spieltag: 23. 3. 1997
Karlsruher SC –
Bayern München 0:2 (0:1)

25. Spieltag: 29. 3. 1997
Bayern München –
Werder Bremen 1:0 (1:0)

26. Spieltag: 5. 4. 1997
Hamburger SV –
Bayern München 0:3 (0:2)

27. Spieltag: 12. 4. 1997
Bayern München –
1. FC Köln 3:2 (1:0)

28. Spieltag: 19. 4. 1997
Borussia Dortmund –
Bayern München 1:1 (1:1)

29. Spieltag: 26. 4. 1997
Bayern München –
Fortuna Düsseldorf 5:0 (4:0)
5:0 Matthäus (51.)

30. Spieltag: 4. 5. 1997
TSV 1860 München –
Bayern München 3:3 (2:1)

Saisonbilanz:
1. Tabellenplatz
Bilanz Matthäus:
28 Spiele, 1 Tor

Bayern München 1997/98

1. Spieltag: 2. 8. 1997
Bayern München –
1. FC Kaiserslautaut. 0:1 (0:0)
2. Spieltag: 6. 8. 1997
Bor. M'gladbach –
Bayern München 1:1 (1:0)
3. Spieltag: 9. 8. 1997
Bayern München –
VfL Wolfsburg 5:2 (3:1)
4. Spieltag: 24. 8. 1997
Hamburger SV –
Bayern München 0:2 (0:1)
5. Spieltag: 30. 8. 1997
FC Hansa Rostock –
Bayern München 1:3 (0:0)
6. Spieltag: 13. 9. 1997
Bayern München –
Hertha BSC 3:0 (1:0)
7. Spieltag: 20. 9. 1997
1. FC Köln –
Bayern München 1:3 (1:2)
15. Spieltag: 30. 11. 1997
Bayer Leverkusen –
Bayern München 4:2 (1:2)
16. Spieltag: 22. 11. 1997
Bayern München –
MSV Duisburg 3:0 (2:0)
18. Spieltag: 5. 12. 1997
1. FC Kaiserslautern –
Bayern München 2:0 (1:0)
19. Spieltag: 18. 12. 1997
Bayern München –
Bor. M'gladbach 3:2 (1:0)
20. Spieltag: 20. 12. 1997
VfL Wolfsburg –
Bayern München 2:3 (1:2)
21. Spieltag: 31. 1. 1998
Bayern München –
Hamburger SV 3:0 (2:0)
22. Spieltag: 7. 2. 1998
Bayern München –
FC Hansa Rostock 2:0 (2:0)
23. Spieltag: 14. 2. 1998
Hertha BSC –
Bayern München 2:1 (1:0)
24. Spieltag: 28. 2. 1998
Bayern München –
1. FC Köln 0:2 (0:0)
26. Spieltag: 14. 3. 1998
Bayern München –
VfL Bochum 0:0
27. Spieltag: 22. 3. 1998
VfB Stuttgart –
Bayern München 0:3 (0:2)
28. Spieltag: 28. 3. 1998
Bayern München –
Karlsruher SC 1:1 (0:1)
29. Spieltag: 4. 4. 1998
Werder Bremen –
Bayern München 0:3 (0:1)
30. Spieltag: 11. 4. 1998
Bayern München – TSV 1860
München 3:1 (2:0)
3:0 Matthäus (47.)
31. Spieltag: 18. 4. 1998
Arminina Bielefeld –
Bayern München 4:4 (2:3)
4:4 Matthäus (89.)
32. Spieltag: 26. 4. 1998
Bayern München –
Bayer Leverkusen 2:1 (1:0)
33. Spieltag: 2. 5. 1998
MSV Duisburg –
Bayern München 0:0
34. Spieltag: 9. 5. 1998
Bayern München –
Boruss. Dortmund 4:0 (0:0)
2:0 Matthäus (48.)

Saisonbilanz:
2. Tabellenplatz
Bilanz Matthäus:
25 Spiele, 3 Tore

Bayern München 1998/99

1. Spieltag: 15. 8. 1998
VfL Wolfsburg –
Bayern München 0:1 (0:0)
2. Spieltag: 22. 8. 1998
Bayern München –
MSV Duisburg 3:1 (1:1)
3. Spieltag: 9. 9. 1998
Bayern München –
FC Hansa Rostock 6:1 (0:0)
4. Spieltag: 12. 9. 1998
SC Freiburg –
Bayern München 0:2 (0:2)
5. Spieltag: 20. 9. 1998
Bayern München –
Hamburger SV 5:3 (2:1)
6. Spieltag: 26. 9. 1998
Werder Bremen –
Bayern München 0:1 (0:0)
7. Spieltag: 4. 10. 1998
Bayern München –
Boruss. Dortmund 2:2 (2:1)
10. Spieltag: 31. 10. 1998
Eintracht Frankfurt –
Bayern München 1:0 (1:0)
11. Spieltag: 7. 11. 1998
Bayern München – TSV 1860
München 3:1 (0:0)
13. Spieltag: 14. 11. 1998
Bayern München –
VfB Stuttgart 2:0 (0:0)
14. Spieltag: 21. 11. 1998
Hertha BSC –
Bayern München 1:0 (0:0)
16. Spieltag: 4. 12. 1998
VfL Bochum –
Bayern München 2:2 (1:1)
17. Spieltag: 13. 12. 1998
Bayern München –
Bayer Leverkusen 2:0 (2:0)
18. Spieltag: 19. 12. 1998
Bayern München –
VfL Wolfsburg 3:0 (1:0)
19. Spieltag: 20. 2. 1999
MSV Duisburg –
Bayern München 0:3 (0:2)
20. Spieltag: 27. 2. 1999
FC Hansa Rostock –
Bayern München 0:4 (0:0)
0:4 Matthäus (89.)
22. Spieltag: 13. 3. 1999
Hamburger SV –
Bayern München 0:2 (0:2)
23. Spieltag: 20. 3. 1999
Bayern München –
Werder Bremen 1:0 (0:0)
27. Spieltag: 16. 4. 1999
Bayern München –
Eintracht Frankfurt 3:1 (2:0)
28. Spieltag: 25. 4. 1999
TSV 1860 München –
Bayern München 1:1 (0:0)
30. Spieltag: 4. 5. 1999
VfB Stuttgart –
Bayern München 0:2 (0:0)
31. Spieltag: 9. 5. 1999
Bayern München –
Hertha BSC 1:1 (1:0)
32. Spieltag: 15. 5. 1999
1. FC Nürnberg –
Bayern München 2:0 (0:0)
33. Spieltag: 22. 5. 1999
Bayern München –
VfL Bochum 4:2 (0:1)
34. Spieltag: 29. 5. 1999
Bayer Leverkusen – FC
Bayern München 1:2 (0:1)

Saisonbilanz:
1. Tabellenplatz
Bilanz Matthäus:
25 Spiele, 1 Tor

Bayern München 1999/2000

1. Spieltag: 14. 8. 1999
Bayern München –
Hamburger SV 2:2 (1:1)
3. Spieltag: 28. 8. 1999
Bayern München –
SpVgg Unterhaching 1:0 (1:0)
4. Spieltag: 11. 9. 1999
MSV Duisburg –
Bayern München 1:2 (0:2)
6. Spieltag: 24. 9. 1999
Bayern München –
VfB Stuttgart 0:1 (0:0)
7. Spieltag: 2. 10. 1999
FC Schalke –
Bayern München 1:1 (0:0)
8. Spieltag: 16. 10. 1999
Bayern München –
Hertha BSC 3:1 (2:0)
10. Spieltag: 30. 10. 1999
Bayern München –
VfL Wolfsburg 5:0 (3:0)
12. Spieltag: 20. 11. 1999
Bayern München –
SC Freiburg 6:1 (3:1)
2:0 Matthäus (12.)
15. Spieltag: 11. 12. 1999
FC Hansa Rostock –
Bayern München 0:3 (0:1)
16. Spieltag: 14. 12. 1999
Bayern München –
Arminia Bielefeld 2:1 (1:1)
17. Spieltag: 17. 12. 1999
Werder Bremen –
Bayern München 0:2 (0:0)
18. Spieltag: 6. 2. 2000
Hamburger SV –
Bayern München 0:0
19. Spieltag: 9. 2. 2000
Bayern München –
Bayer Leverkusen 4:1 (2:0)
21. Spieltag: 19. 2. 2000
Bayern München –
MSV Duisburg 4:1 (0:0)
23. Spieltag: 04. 3. 2000
VfB Stuttgart –
Bayern München 2:0 (0:0)

Bilanz Matthäus:
15 Spiele, 1 Tor

Seine Karriere im DFB-Pokal

Saison	Datum	Runde	Paarung	Ergebnis	Tor Lothar
79/80	28.–30. 9. 1979	2. Hauptrunde	Bor. MG – RW Essen LM 81. Min. ausgewechselt	4:0 (1:0)	
	12./13. 1. 1980	3. Hauptrunde	KSC – Bor. MG LM 91. Min. eingewechselt	1:0 n. V.	
80/81	30./31. 8. 1980	1. Hauptrunde	Bor. MG – GSV Hannover LM durchgespielt	7:3 (4:0)	
	04. 10. 1980	2. Hauptrunde	TuS Langerwehe – Bor. MG LM 65. Min. ausgewechselt	1:7 (0:3)	
	22. 11. 1980	3. Hauptrunde	Bünder SV – Bor. MG LM durchgespielt	1:7 (1:4)	1:4 (44.)
	31. 1. 1981	Achtelfinale	Bor MG – Atlas Delmenhorst LM durchgespielt	6:1 (6:1)	2:0 (27.)
	28. 2. 1981	Viertelfinale	1. FC K'lautern – Bor. MG LM durchgespielt	3:1 (1:1)	
81/82	28.–30. 8. 1981	1. Hauptrunde	SSV Dillenburg – Bor. MG LM durchgespielt	2:7 (0:3)	2:7 (87.)
	9.–11. 10. 1981	2. Hauptrunde	Bor. MG – Arminia Hannover LM durchgespielt	3:1 (2:0)	3:1 (73.)
	4.–6. 12. 1981	3. Hauptrunde	VfB Stuttgart – Bor. MG LM durchgespielt	0:2 (0:1)	
	9. 1. 1982	Achtelfinale	RW Essen – Bor. MG LM durchgespielt	0:4 (0:0)	0:2 (58.)
	20. 02. 1982	Viertelfinale	1. FC Nürnberg – Bor MG LM durchgespielt	3:1 (2:0)	2:1 (60.)
82/83	27.–29. 8. 1982	1. Hauptrunde	VfB Wissen – Bor. MG LM durchgespielt	0:4 (0:1)	
	15./16. 10. 1982	2. Hauptrunde	Union Solingen – Bor. MG LM durchgespielt	0:2 (0:1)	0:1 (15.)
	14.–18. 12. 1982	3. Hauptrunde	Bor. MG – Waldhof Mannheim LM durchgespielt	1:0 (1:0)	
	12. 2. 1983	Viertelfinale	Bor. MG – Fortuna Köln LM durchgespielt	2:2 (2:2;1:0) n. V.	
	8. 3. 1983	Wiederholungsspiel	Fortuna Köln – Bor. MG LM durchgespielt	2:1 (1:0)	1:1 (55.; FE)
83/84	26.–28. 8. 1983	1. Hauptrunde	Fort. Köln – Bor. MG LM durchgespielt	2:3 (1:0)	2:1 (57.)
	7.–9. 10. 1983	2. Hauptrunde	Bor. MG – Arm. Bielefeld LM durchgespielt	3:0 (1:0)	2:0 (65.)
	18. 12. 1983	Achtelfinale (vorgezogenes Spiel)	SpVgg Fürth – Bor. MG LM in 81. ausgewechselt	0:6 (0:3)	0:4 (56.)
	3./4. 3. 1984	Viertelfinale	Hannover 96 – Bor. MG LM durchgespielt	0:1	
	1. 5./2. 5. 1984	Halbfinale	Bor. MG – Werder Bremen LM durchgespielt	5:4 (4:4; 2:1) n. V.	1:0 (40.)
	31. 05. 1984	Finale	Bor. MG – Bayern München – LM verschossen	1:1 (1:1; 1:0) n. V. 7:8 n. E.	
84/85	31. 8.–2. 9. 1984	1. Hauptrunde	BV 08 Lüttringhausen – Bayern LM durchgespielt	0:1	
	20./21. 11. 1984	2. Hauptrunde	TSV Friesen Hänigsen – Bayern LM durchgespielt	0:8 (0:3)	
	4./12./22. 12. 1984	Achtelfinale	Bayern – Waldhof Mannheim LM durchgespielt	1:0 (0:0)	
	26. 3. 1985	Viertelfinale	Bayer Leverkusen – Bayern LM durchgespielt	1:3 (0:2)	
	26. 5. 1985	Finale	Bayern – Bayer Uerdingen LM durchgespielt	1:2 (1:1)	

Saison	Datum	Runde	Paarung	Ergebnis	Tor Lothar
85/86	24./25. 8. 1985	1. Hauptrunde	Kickers Offenbach – Bayern LM durchgespielt	1:3 (0:1)	1:3 (71., FE)
	12./13. 11. 1985	Achtelfinale	VfL Bochum – Bayern LM durchgespielt	1:1 (1:1, 0:1) n. V.	
	18. 12. 1985	Wdh.-Spiel	Bayern – Bochum LM durchgespielt	2.0 (2:0)	
	19.–21. 12. 1985	Viertelfinale	1. FC K'lautern – Bayern LM durchgespielt	0:3 (0:1)	0:1 (41.)
	25./26. 3. 1986	Halbfinale	Waldhof Mannheim – Bayern LM durchgespielt	0:2 (0:2)	
	3. 5. 1986	Finale	Bayern – VfB Stuttgart LM durchgespielt	5:2 (2:0)	
86/87	27.–31. 8. 1986	1. Hauptrunde	Hertha BSC – Bayern LM durchgespielt	1:2 (1:1)	
	24.–26. 10. 1986	2. Hauptrunde	FC Homburg – Bayern LM durchgespielt	1:3 (1:2)	1:3 (73.)
	18./19. 11.	Achtelfinale	Fortuna Düsseldorf – Bayern LM durchgespielt	3:0 (0:0)	
87/88	23.–25. 10. 1987	2. Hauptrunde	Bor. MG – Bayern LM durchgespielt	2:2 (1:1, 0:0) n. V.	
	11. 11. 1987	Wdh.-Spiel	Bayern – Bor. MG LM durchgespielt	3:2 (1:1,0.0) n. V.	1:1 (74.)
	13./14. 2. 1988	Achtelfinale	Bayern – 1. FC Nürnberg LM durchgespielt	3:1 (1:1)	3:1 (90., FE)
	8./9. 3. 1988	Viertelfinale	HSV – Bayern LM durchgespielt	2:1 (2:0)	2:1 (59.)
93/94	3./4. 8. 1993	1. Hauptrunde	Werder Bremen Amat. – Bayern LM durchgespielt	1:5 (0:1)	1:5 (81.)
	10./12. 09. 1993	3. Hauptrunde	Schalke 04 – Bayern LM durchgespielt	2:3 (1:1,1:0) n. V.	
	26./27. 10. 1993	Achtelfinale Spiel nachgeholt am 09. 11. 1993	Dynamo Dresden – Bayern LM durchgespielt	2:1 (1:0)	
94/95	12.–14. 8. 1994	1. Hauptrunde	TSV Vestenbergsgreuth – Bayern LM durchgespielt	1:0 (1:0)	
96/97	10. 08. 1996	1. Runde	TeBe – Bayern ab 46. Babbel für LM	0:3	
	12. 11. 1996	Achtelfinale	Bayern – Werder Bremen LM durchgespielt	3:1	
	10. 02. 1997	Viertelfinale	KSC – Bayern LM durchgespielt	1:0	
97/98	17. 12. 1997	Viertelfinale	Bayern – Bayer Leverkusen LM durchgespielt	2:0	
	17.02.98	Halbfinale	Bayern – VfB Stuttgart LM durchgespielt	3:0	
	16. 05. 1998	Endspiel	Bayern – MSV Duisburg LM durchgespielt	2:1	
98/99	30. 08. 1998	1. Runde	LR Ahlen – Bayern ab 59. Zickler für LM	0:5	
	23. 09. 1998	2. Runde	Greuther Fürth – Bayern Ab 68. LM für Jeremies	0:0, n. E. 3:4 n. V.	
	01. 12. 1998	Viertelfinale	Bayern – VfB Stuttgart Ab 74. Helmer für LM	3:0	
	09. 03. 1999	Halbfinale	RW Oberhausen – Bayern LM durchgespielt	1:3	
	12. 06. 1999	Endspiel	Werder Bremen – Bayern LM durchgespielt, Elfmeter verschossen	1:1 n. V.; 5:4 n. E.	

Die Geschenkausgabe in Ganzleinen mit eingewebtem DFB-Logo

Der offizielle Jubiläumsband

Am 28. Januar 2000 feierte der Deutsche Fußball-Bund sein einhundertjähriges Bestehen

Aus diesem Anlass erschien der Jubiläumsband »100 Jahre DFB – Die Geschichte des Deutschen Fußball-Bundes«. Diese lückenlose Dokumentation des deutschen Fußballs enthält im ersten Teil eine umfassende, großzügig mit teilweise bisher unveröffentlichtem Bildmaterial illustrierte Chronik der Entwicklung des DFB von 1900 bis 1999, des Saarländischen Fußballbundes von 1945 bis 1956 sowie des DFV der DDR von 1945 bis 1990.

100 Jahre DFB
Die Geschichte des Deutschen Fußball-Bundes
620 Seiten, 843 Farb- und s/w-Abbildungen
Gebunden im Schmuckschuber
ISBN 3-328-00850-0

Geschenkausgabe
Ganzleinen im Ganzleinenschuber
ISBN 3-328-00870-5

Im Jubiläumsbuch des Deutschen Fußball-Bundes schreiben renommierte und kompetente Autoren über große Mannschaften, große Spieler und große Spiele. Sie schreiben aber auch über Jugend-Fußball und kleine Vereine, über Frauen-Fußball und medizinische Betreuer, über die soziale Bedeutung dieses Sports und über die Medien, die das Spiel der Spiele seit Beginn des Jahrhunderts begleiten. Und sie schreiben über besondere Epochen des deutschen Fußballs, seine mutigen Anfänge, die Zeit im Dritten Reich, die schwere Nachkriegszeit, den Fußball-Sport in der DDR und die große Zeit der Bundesliga.

SPORT VERLAG BERLIN

Tom Bender
geboren am 15. September 1965 in Düsseldorf, ist Sportchef des TV-Senders TM3, als Moderator und Reporter in der Champions League Woche für Woche live vor Ort. Volontierte bei der Axel-Springer-Journalistenschule in Hamburg und Berlin, arbeitete für BILD, BILD am Sonntag und SPORT-BILD sowie RTL. War sechs Jahre beim Bundesliga-Sender Premiere, zuletzt als komm. Sportchef und Mitglied der Geschäftsleitung. Herausgeber und Autor zahlreicher Sportbücher, u. a. das »Matthäus-Tagebuch«, Rudi Völlers »Ruuuudi«, Franz Beckenbauers »Schau'n mer mal«, »Verrückte Bundesliga«, Beckenbauers WM-Tagebuch »Tour de Franz 98«.

Ulrich Kühne-Hellmessen
geboren am 5. Februar 1957 in Brilon, berichtet seit 1975 über das deutsche und internationale Fußballgeschehen, war bei zahlreichen dieser Episoden selbst im Stadion, hat sie als Chefreporter der BILD-Zeitung oder von SPORT-BILD (bis 1994) hautnah erlebt. Er volontierte beim Westfalen-Blatt in Bielefeld, kam über das Kicker-Sportmagazin 1988 zum Springer-Verlag nach Hamburg und ist heute Stv. Sportchef bei der BILD-Zeitung. Herausgeber und Autor zahlreicher Sportbücher, darunter das »Matthäus-Tagebuch«, »Ruuuudi« über Rudi Völler, Franz Beckenbauers »Schau'n mer mal« und die Serie »Verrückte Bundesliga«, »Verrückter Europacup«.

Herausgeber:
Tom Bender und
Ulrich Kühne-Hellmessen

Idee und Konzeption:
B&K Pro Media, Hamburg
Am Stadtrand 52
22047 Hamburg
Tel.: 040–69 65 64 63
Fax.: 040–69 65 64 64
e-mail: BKProMedia@aol.com
Internet: www.bundkpromedia

Redaktion:
Ulrich Kühne-Hellmessen

Redaktionelle Mitarbeit:
Raimund Hinko, Rainer Kalb, Wolfgang Ruiner, Jens Schiffer, Babak Milani, Olaf Markhoff, Andreas Bremermann, Katharina Kreke, Frank-Thomas Sippel

Alle Zahlen und Daten:
SPORTS-DATA, Berlin

Fotoredaktion:
Cathrin Bangen
B&K Pro Media, Hamburg

Umschlaggestaltung:
Volkmar Schwengle, Buch & Werbung, Berlin

Titelfoto:
Witters

Bildnachweis:
Lorenz Baader, Bongarts, dpa, Udo Dreier, GES, Imago, HJS, Horstmüller, Fred Joch, Köpcke/Sportbild, Kreft/Bild, Premiere, Hans Rauchensteiner, Rogmanns/Sportbild, SAT.1, Sport Image, Sven Simon, Werek, Witters

Anzeigen/Sponsoring:
ISPR, München
B&K Pro Media, Hamburg
M. L. Marketing, Hamburg
Tela media, München

Satz und Repro:
tiff.any GmbH, Berlin

Druck und Verarbeitung:
Westermann Druck, Zwickau

Printed in Germany 2000
ISBN 3-328-00874-8

Dank der Herausgeber:
Cathrin Bangen und Katharina Kreke (für unermüdlichen Fleiß), Franz Beckenbauer, Boris Becker, Martina Bender und Martina Kühne-Hellmessen (für ihre Geduld), Joseph S. Blatter, Petra und Reinhard Böker, Egidius Braun, Andy Brehme, Thomas Brönauer, Franz Brungs, Roberto Carlos, Jupp Derwall, Bernard Dietz, Tom Dooley, Alfred Draxler, Hans Drebinger, Ralph Durry, Katja Famullok, Alex Ferguson, Günter Güttler, Jupp Heynckes, Raimund Hinko, Ottmar Hitzfeld, Uli Hoeneß, Markus Höfl, Rainer Holzschuh, Markus Hörwick, Andrea Jagiellka, Lennart Johansson, Sven Kaatz, Rainer Kalb, Karin Keller, Manuela Koller, Jochen Kröhne, Helmut Krüger, Gabriele Krüger, Ulrich Kubak, Udo Lattek, Katharina, Heinz und Wolfgang Matthäus, Silvia Matthäus, Alisa Matthäus, Jürgen Meise, Bora Milutinovic, Bodo Müller, Maren Müller-Wohlfahrt, Wolfgang Niersbach, Hans Nowak, Michael Pfad, Nobert Pflippen, Erich Ribbeck, Steffi S. Riedel, Michel Platini, Udo Röbel, Allan Rothenburg, Wolfgang Ruiner, Carsten Schmidt, Robert Schneider, Mehmet Scholl, Volkmar Schwengle, Christian T. Sommer, Giovanni Trappatoni, Rainer Tschepe, Berti Vogts, Rudi Völler, Toni Yeboah, Octavio Zambrano, Walter Zenga, Zinedine Zidane sowie allen Sponsoren

Besonderer Dank an Lothar Matthäus

Die Matthäus-Hymne

Er ist ein Fußballidol in unserem Land
und schlägt den tödlichen Pass, was kein anderer kann
Er ist ein Kämpfer, ein Sieger, ein wahres Genie
Und jeden Gegenspieler zwingt er vor sich in die Knie

Er ist ein Mann von Welt, ein wahrer Held
Tut nur noch das, was ihm gefällt
Er ist ein Superstar, ein Sexsymbol
Und Frauen finden ihn super-super cool

Lothar Matthäus, Oh Matthäus …

Er ist besessen, fanatisch, unser Held
Denkt auf dem Feld nicht ans Geld
Die Nummer 10 hat ihn geprägt
Und oft hat man an seinem Stuhl gesägt

Er hat Leidenschaft und Willenskraft
Und alle seine Gegner haben ihn nicht geschafft
Er war in Gladbach, in Mailand, im Bayernland
Jetzt geht es nach New York und wir sagen dank.

Lothar Matthäus, Oh Matthäus …

(Dieses Lied haben die »Fantastischen 2« passend zu seinem Abschied herausgebracht nach der Melodie von »Amadeus-Amadeus«. Die CD vertreibt Koch-Records in München und trägt die Bestellnummer 347 327.)

FILM
JVC